Scientific Selling

销售团队管理

通过应用心理学打造高绩效销售团队

（修订版）

Creating High-Performance Sales Teams through Applied Psychology and Testing

[美] 南希·马丁尼（Nancy Martini）
杰弗里·詹姆斯（Geoffrey James） 著
高晓燕 黄莉莎 王 惠 译

電子工業出版社
Publishing House of Electronics Industry
北京·BEIJING

Nancy Martini with Geoffrey James: Scientific Selling: Creating High-Performance Sales Teams through Applied Psychology and Testing
ISBN: 9781118167977

版权贸易合同登记号 图字：01-2012-6283

图书在版编目（CIP）数据

销售团队管理：通过应用心理学打造高绩效销售团队 /（美）南希 •马丁尼（Nancy Martini），（美）杰弗里 • 詹姆斯（Geoffrey James）著；高晓燕，黄莉莎，王惠译. —修订本. —北京：电子工业出版社，2017.9
书名原文：Scientific Selling: Creating High-Performance Sales Teams through Applied Psychology and Testing
ISBN 978-7-121-29934-6
Ⅰ. ①销… Ⅱ. ①南… ②杰… ③高… ④黄… ⑤王… Ⅲ. ①销售管理 Ⅳ. ①F713.3
中国版本图书馆 CIP 数据核字(2017)第 213118 号

策划编辑：吴亚芬
责任编辑：吴亚芬
印　　刷：三河市鑫金马印装有限公司
装　　订：三河市鑫金马印装有限公司
出版发行：电子工业出版社
　　　　　北京市海淀区万寿路 173 信箱　邮编 100036
开　　本：720×1000　1/16　印张：14.25　字数：177 千字
版　　次：2013 年 1 月第 1 版
　　　　　2017 年 9 月第 2 版
印　　次：2021 年 4 月第 7 次印刷
定　　价：68.00 元

凡所购买电子工业出版社图书有缺损问题，请向购买书店调换。若书店售缺，请与本社发行部联系，联系及邮购电话：（010）88254888，88258888。
质量投诉请发邮件至 zlts@phei.com.cn，盗版侵权举报请发邮件至 dbqq@phei.com.cn。
本书咨询联系方式：（010）88254199，sjb@phei.com.cn。

中国版序

为什么《销售团队管理》有益于中国

随着中国经济持续快速发展，中国的企业面临着诸多销售方面的挑战。通过网络，世界各地的购买者手中拥有的信息之多，是人们在 10 年前根本无法想象的。在数秒之内，潜在客户就可以掌握有关一家公司、其竞争对手及其所在行业的大量信息。在全球化市场中，销售人员必须具备迅速吸收信息的才智，克服压力从而拥有卓越的毅力，以及促成并顺利完成各种购买过程的智慧。

毫无疑问，中国的销售人员需要更好地了解各种销售技巧，以帮助中国企业在竞争日趋激烈的商界取得更大成功。但遗憾的是，对销售知识的追求有可能使一些个人和公司误入歧途。

每年出版的有关销售的英文书籍数以千计，其中大多数是在美国出版的。而这些书籍中有很多都毫无用处。不仅如此，这些书籍运用到美国之外的国家时，甚至会适得其反。由于中国的企业文化与美国的企业文化有很大差异——中国的销售与销售团队的角色处于更大的企业格局内，因此，这种情况在中国更加普遍。

在美国，人们习惯性地认为，理想的销售人员应该爽直、外向和咄咄逼人，甚至达到粗鲁的程度。美国出版的许多销售书籍反映并强化了这种“销售性格”。例如，当今美国最流行的一本有关销售的书 *The Challenger Sale*，把“建立关系”说成一种“失败的方法”，并且鼓励销售人员要“坚定而自信，必要时要予以反击并控制销售”。

这种销售理念与平时在中国做生意的方法完全不同。在中国，“关系”对生意的成功起着至关重要的作用。在中国，销售人员要是带着“控制销售”的理念走进首席执行官的办公室，就很可能被轰出门外。

就销售而言，中美企业文化之间还存在着其他根本差异。在美国，非销售岗位的员工和高管充其量把销售人员视为讨厌鬼——这在美国并不罕见。也许正是这个原因，在美国自愿选择做销售工作的人寥寥无几，很多人觉得在向外人透露自己从事销售工作时应该向对方致歉。在中国，情况并非如此。在中国，从商（做销售）历史悠久，受人尊敬。

多数美国作家认为（如同美国企业文化一样），销售人员不仅要有销售效益，还必须向自己的公司证明自己的价值。多数美国出版的销售书籍基于这样一个前提——销售人员是局外人，他们的利益与他们为之工作的公司的利益不一致。这种态度在世界其他国家并不常见，而在亚洲国家更为罕见。

美国销售文化和中国销售文化之间另一个巨大差异是它们对政府的总体态度不同。尽管美国有书籍解释如何向政府进行销售，但书中一个不变的假定是：政府是商业的绊脚石。对于多数美国企业而言，新兴企业和国有企业通过合作而获得成功的理念简直不可思议。

美国出版的销售书籍中的案例研究无外乎大公司向其他大公司进行销售。在美国，在一家大公司从事销售工作是职业生涯的顶峰，寻求（或想要）在比较小的公司从事销售工作的人寥寥无几，而在家族企业从事销售工作的人更是屈指可数。美国企业文化中缺少中国人的观点，也就是中国俗话所说的“宁为鸡头，不做凤尾”。

最后一点，美国商学院数十年来信奉的是管理大师彼得·德鲁克的理论——营销的最终目的是使销售人员成为明日黄花。毫无疑问，尽管美国出版的销售书籍把自己标榜为体现“销售的艺术与科学”（一个很常见的副标题），但这样的书籍，却用所谓“艺术”掩饰了其微乎其微或子虚乌有的“科学”光泽。

本书绝非如此。与绝大多数销售书籍不同，本书介绍的是真正的科学方法。这些科学方法可使公司对员工的潜质进行评估，使其在任何销售环境中做高效的销售人员——包括美国之外的销售环境。

与其他销售类书籍不同，本书没有声称已经找到了完美销售人员的性格特征。恰恰相反，它阐述的是，如何发掘在真实销售环境中最奏效的销售技巧与行为，以及如何识别具有相同技巧与行为潜质的其他员工（现有员工和新招聘员工）。

《销售团队管理》背后的科学确实可以帮助公司找到进取心十足的销售人员，这种销售人员在某些美国公司里显然是理想的销售人员。而且，同样的衡量与标定原则具有可复制性，可以帮助公司找到更善思考和在复杂的人际和政治关系中游刃有余的销售人员。

本书基于的原则已经经受了 60 多年的验证，其客观性、信度和科学效度得到了证实。世界各地逾百万人员已使用这些原则和方法来评估企业绩效，改进其招聘和部署销售团队各种角色员工的方式。

每年，数以十万计的工程师和科学家走出中国大学的校门。这些接受了高等教育的优秀人才中很多人要创办企业，或者使现有企业取得更大成功。本书有助于这些天生的企业家在销售领域获得技术学科及其他行业的严谨性。

因此，本书中文版不仅对中国的个人及他们创建或加入的企业有益，也会对不断融入世界的中国经济产生重要和积极的影响。

南希·马丁尼

杰弗里·詹姆斯

序

在商界，真正了解销售到底是什么的人寥寥无几。事实上，人们对销售人员及已有数十年历史的销售行为心存的偏见由来已久。

20 世纪 80 年代我做电脑程序员时，工程师行业的所有人都认为销售人员是虚情假意的人，其唯一的天赋是可以没完没了地与人闲聊。我们完全确定，我们精湛的技术一目了然，销售团队的唯一优点就是，告诉客户合同上的签字位置在哪儿。

具有讽刺意味的是，当时正值个人电脑革命初期，而我们的推销员销售的是价值百万美元的电脑系统。这些销售人员是英雄。正如事实所证明的那样，他们实际上可以销售任何东西。然而，我很不好意思地说，我们工程师们把他们当成大笨蛋。

有些事情永远不变。几天前，我与一位失业的程序员共乘一辆车。当我告诉她，我正在撰写有关销售的书时，她说的原话是："我觉得推销员令人厌恶。"当然，我本来可以为这个职业严词辩解，但只是轻描淡写地说了句："我现在知道你们的公司为什么关门歇业了。"

这句话让她无话可说。真希望过去也有人这么回敬我一句。

而事实上，因为对销售人员心存偏见而在市场上陷入困境的并非只有工程师之类的职业。离开工程师行业后，我在一家《财富》50强公司的市场营销团队工作。你猜怎么样？市场营销人员和工程师一样对专业销售人员不屑一顾。

在6年时间里，我目睹（并帮助）这个市场营销团队把上亿美元的资金花在了这些东西上：① 没人阅读的宣传册；② 没人看的视频；③ 没人懂的市场研究报告；④ 充斥着商业的夸夸其谈和彻头彻尾的浮夸、语言冗长而费解的产品介绍。

尽管我们像这样浪费资金还有个终结之日，但是市场营销人员在一起却对销售人员冷嘲热讽，说他们如何天真、愚蠢。我们的用语是“营销带动销售”，好像我们在某种程度上掌握了主动权，而销售团队则是听从命令的骡子——我们指向哪里，他们就走向哪里。

无论什么时候回想起我当时的想法，我都会懊悔不已。

事实是，公司幸存下来的唯一原因是，销售人员在大量地销售高度定制化的硬件、软件和服务。他们销售的是极其复杂的产品，而且由于他们必须把市场营销团队编造出来的废话解释清楚，这使得他们的工作难上加难。

我希望自己可以说，这种事情不会再发生了，但我做不到。

我每次在自己的销售工作与销售博文中解释“战略性营销”是一种矛盾的说法时，我都会收到专业市场营销人士数十条愤愤不平的评论，他们有时候使用的是“营销带动销售”这句现成的话。这些人跟我过去一样一无所知，我真同情那些必须与他们共事的销售人员。

那么，你会认为高级管理人员不会像工程师和市场营销人员一样浅薄。可是，你想错了。

在过去 10 年中，我采访过数十位高级管理人员，每当谈及有关销售的话题时，绝大多数人持有同样扭曲的观点。

我听到身价十亿美元公司的首席执行官们说过这样的话："我对销售小组的运作一无所知。"有一次，我听到一位首席财务官就销售团队在报销账单上花了多少钱，喋喋不休地说了 15 分钟，而这个数目还不到销售团队创造收益的 1‰。真令人难以置信。

荒唐可笑，不是吗？

不妨考虑一下：整个商界甚至全球整个市场体系，都完全取决于专业销售人员。（即使大众市场的零售消费品也离不开一个数十名销售人员组成的供应链。）虽然如此，他们仍然"得不到尊重"。

如果你环顾四周，你就会看到多数公司里各个级别的人对销售团队具体做什么一头雾水，这还是最好的情况，最糟的情况是将专业销售人员视为不受欢迎的人。

毋庸置疑，所有这些困惑和敌意不会让销售变得轻松。恰恰相反，从我的经验来看，这些反销售的态度在即将倒闭的公司内部最为明显。那些历经艰难而幸存下来并蒸蒸日上的公司，尤其在艰难的时期，拥有十分尊重销售工作的企业文化。

令人遗憾的是，这样的公司凤毛麟角。

自从撰写有关销售的文章以来，我与几十位销售权威及培训师讨论过这种问题。他们的反应从"情况就是这样"到"销售额上去时，人们会觉悟的"，五花八门、各不相同。

直到我采访了南希·马丁尼后，我才得到了一个讲得通的答案。她说："销售团队得不到尊重的原因在于公司衡量的是错误的事物。"

这不是说销售团队没有被衡量，而是说衡量标准（如收益和转化率）不够细致，无益于打造销售团队或解释销售业绩背后的"为什么"。这就如同用码尺测量沙粒一样。你可以这么做，但这么做不能给你带来任何有实用价值的数据。

缺乏有实用价值的数据意味着销售仍然只是一个没有人了解的"黑匣子"。而当人们不了解某事物时，这一事物就会给人带来恐惧、怀疑和误解。这正是销售工作得到了一个坏名声的原因。

科学销售（这一概念，而非本书）会改变所有这一切。

科学销售使准确无误地衡量潜能、培训团队与个人，以及衡量业绩变得既可能又可行。科学销售不仅使销售团队能够制定更大的衡量标准（这个标准显然还是必不可少的），它还更易于使销售经理向公司的其他部门介绍销售工作是什么。

更为重要的是，科学销售揭示了一个隐藏很久的事实真相：销售是一个只有某些类型的人才能从事的专业工作，而且是一份值得每家公司的每个人尊敬的工作。

总之，销售人员形象问题的改善是一门大科学。

这正是我对本书和它的面世感到兴奋的原因所在。南希正在开创一个先河，她正在而且将继续改变销售文化及人们对销售的看法。

这将是个巨变。

杰弗里·詹姆斯

前　言

我特别喜欢销售。有关销售的一切都有意思——它有趣、迷人、具有挑战性、需要战略性的眼光，而且每天都要被衡量。今天，你需要表现良好才能销售成功。

除了对销售感兴趣外，我还对为什么有些人销售成功，而有些人不成功这个问题非常好奇。这正是我为什么求助于科学销售方法的原因所在。科学为可预测的销售业绩提供令人兴奋的洞察力和具体的答案。

我说的“科学”既非伪科学，也不是将在过去一个半世纪的销售培训课程中所充斥的古老的民间智慧冠以一个听上去科学的词汇。

我谈论的是硬科学，对人类行为进行量化的、统计学上有效的衡量，对这个行为进行改变，并且对改变后的结果进行重新衡量。我谈论的是货真价实的数学，是具有博士水平的研究。

以前，我并不一直这么认为。我以前认为，销售充其量是一门艺术。

本书是采用科学方法进行销售的宣言书。但是，本书同时也讲述了我的科学世界观转变的过程，以及这一转变对我的工作、生活和销售能力所产生的影响。

从跨入大学校门起，我就知道我要进入销售领域。尽管我在商务课程上尽量认真听讲，但我忍不住地想，我应该销售些什么东西。所以，和我前面的销售人员一样，两年后我离开学校，目的就是开始从事我命中注定要做的事业——销售。

为了考验我自己及我的决心，我选择了最艰苦和最具挑战性的行业——人寿保险。我心想：我要是能做好这种销售，其他的就不在话下。

聘用我的公司恰好代表了人人都厌恶的那种销售方式。例如，我的销售经理在星期一上午的销售会议上不停地告诉我们“你们是白痴”，并向我们大喊大叫，让我们提高销售额。销售培训内容是一系列骗人的小把戏，目的就是诱导人们从我们手中购买他们根本不需要的产品。

我记得自己当时坐在那里，听着培训人员不着边际地胡扯。我只在想：“你在开玩笑吗？”我还发现，这家公司每年都会有 90%的销售人员流失。所以，我想如果我要事业有成，就应该走出去，与培训人员的所授内容反其道而行之。

我们的销售小组要去大学校园，用培训人员教授给我们的销售技能向大学生们推销保险。然而，我觉得大学生对人寿保险的需求不多，他们的购买力也有限。因此，我就向大学生们大谈他们的父母购买人寿保险的必要性。

这使得我有机会接触为其家人购买人寿保险的人。于是，只有 22 岁的我走进大学校园，向那些工作一周比我工作一年挣钱还多的 50 多岁的学生家长们推销保险。年龄差距不是问题，因为我对这个产品有信心，并确实认为这些父母真的需要这些产品。由于我了解我的产品，也理解这些家长需要什么产品和为什么需要这些产品，而这些家长并不介意我和他们的子女是同龄人。

这是我作为成年人在销售方面的第一课——销售不是小把戏和技能，而是了解人们的需求并设法满足他们的这些需求。

当然，我不是发现这一道理的第一人（也不是最后一人）。然而，这一发现是科学销售的基础，因为如果你把科学运用到错误的行为上，你将得到错误的结果。

那家保险公司从未发现这一点。恰恰相反，它继续大肆宣传那些陈旧的销售技术，只是模糊地感觉到这些技术并不十分有效。同时，它的人员流失量非常大，生产力的丧失非常严重。

在保险业工作一整年后，我在公司全美国的150多名销售代表中脱颖而出，并赢得了“全国年度最佳新人奖”。试想一下，如果公司能够对我、对其他少数几位优秀销售人员所进行的销售进行衡量，那么情况会发生很大的变化。

不妨试想一下，如果这家保险公司当时有办法更为广泛地实施这些销售行为，然后进行重新衡量，以确认这些新技术行之有效，那么这家保险公司如今会主宰整个保险业，对此我心中毫无疑问。

在销售了一段时间的保险后，我环顾四周，寻找新的挑战。我觉得在尝试着销售了无形的东西（如保险）之后，我想找个机会销售一下有形的东西。于是，我到一家报警器公司上班了。

正如很多专业销售人员所知，销售有形的东西（如警报器）与销售拿不着、摸不着的东西有着本质上的区别。

销售无形的东西时，你销售的永远是一个解决方法，而且有很大的回旋余地，可以精心地打造这个解决方法。销售有形的东西时，你的产品总有成为商品的风险。在这种情况下，你的唯一选择余地是价格。用最低价格销售，这种销售方法得到的利润低而且会引发价格战。

由于我要销售的是一种迥然不同的产品，新老板坚信我需要循序渐进，在真正尝试做交易之前多学习一些知识，这就不足为奇了。不管怎么说，我的新老板见到过很多新员工折戟而归，他不想再有一个代价高昂的失败者。

这家公司的领导者坚信，要想销售有形的产品，需要强调你的产品优于其他产品。因此，他希望我花 3 个月时间接受培训，了解产品的所有特色，与安装人员一起工作，与一位久经历练的销售人员进行电话销售，如此等等。

但事实是，我准备从一开始就销售产品。

上班的第二个星期，我开车路过当地一家餐馆。这家餐馆正在进行装修改造。我把车开到路边停下，走进餐馆，找到餐馆经理并说道："你餐馆的墙皮被揭开了，所以现在可以考虑在里面安装一个报警系统。"

餐馆的经理说他最关心的是如何通过安全检查。于是，我给一个安装人员打电话，让他过来看需要做些什么。餐馆的经理给我写了张支票。

第二天，我来到首席执行官的办公室，告诉他我做成了第一笔生意。他说："不，你没有。"并且继续解释说，"你对产品的了解还不够多，不可能把它卖出去。"

我把支票递给他。当他盯着支票看时，我解释说："报警系统的卖点不是电子器件和产品特色，而是心境的安宁。那位餐馆经理想要得到的是心境安宁，让自己的餐馆通过安全检查，而且愿意为这个心境安宁掏腰包。"

因为我在上一份工作中一直与心境的安宁打交道，所以我现在本能地知道这一点。然而，我的新老板在没有办法看到我的这一本能之前就已经雇用了我，希望我有潜力和希望。他没有任何办法去发现我是否具备销售所需的潜能。

更为糟糕的是，他自己并不知道成功销售警报器需要什么特质。他认为成功销售需要的是技术上精益求精，能够谈论产品的特色与功能。成功销售真正需要的却更接近我所具备的能力：使人们确信自己正在做出正确的决定。

如果我的新老板能够从一开始就能衡量我的能力，并且把我的能力与同领域的其他成功的专业销售人员进行比较，那就会省去很多麻烦。他会很快发现，在销售“心境的安宁”时，精于技术固然重要，但远不及精于人重要。

随着我继续从事销售工作，我开始在当地的商会集会上结交朋友。一天，一位首席执行官找到我说：“我注意到你的销售量高得出奇，我不知道你是怎么做到的。你能给我一些建议吗？”

我对指导一位首席执行官不是特别感兴趣，但我们最后一起共进了午餐。他提出了自己正在处理的一些事务。我给他出了几个点子。他对此印象非常深刻，便问是否可以付钱给我，帮他多出一些点子。他还提到，他有几位做首席执行官的朋友，他们也可以从我提出的建议中受益。

我对他说：“谢谢，但我已经有了一份工作。”但后来，当我有时间认真考虑这件事情时，我发现做销售咨询和销售培训可能非常有意思，这会让我有机会影响更多的业务和更多的人。

我创办了一个名叫 NetWorks 的公司，并且开始教授社交沟通技能和潜在客户开发流程。这很快发展成一个涉及销售步骤的、更全面的销售培训项目，并发展为全球销售联盟。我的公司迅速发展壮大，业务迅猛地从地方拓展到全国，并最终走向了世界各地。

然而，我意识到我在教授有价值的技术时，总是有这样一种感觉，我的课程并不总像人们所期望的那么有效。销售的过程很容易教，但我对销售人员及他们运用知识的能力所掌握的数据有限。我逐渐认识到，不同的销售人员觉得“客户导向型销售”（这正是培训的最终目的）要么难以实施，要么轻而易举，这取决于销售人员的个性。

此时，科学销售首次进入我的销售世界。

培训早期，我最喜欢的一个客户是名叫 PI 国际的公司。这是一家自 1955 年以来发布预测指数（Predictive Index，PI）的公司。与这家公司进行了短暂的合作之后，我说，“我的每位客户都需要 PI 方案来了解他们的销售人员。谁能离得了 PI 方案呢？”

使用 PI 方案的客户取得了巨大的企业绩效，其中包括降低员工流失率和提升销售利润。客户使用 PI 方案来评估新老员工的性格特征。通过接受 PI 方案的培训后，我发现我可以通过查看他们的 PI 结果就可以预知，谁最适合运用“客户导向型销售”技能。

因此，我发现自己频繁地向客户们推荐 PI。

即便如此，我注意到行为评估并非总能如愿以偿。我遇到过一些案例，在这些案例中，销售人员的 PI 模式符合销售的类型，但这些人似乎不愿意或不能够实际应用将提升他们销售业绩的具体技能。我因此认为，这是一个值得研究的领域，并且与一位专家一起努力钻研高效销售所需的具体技能。

这就是销售技能评估工具（Sales Skill Assessment Tools，SSAT）的起源。

PI 国际的行为与技能衡量工具在促进销售增长管理方面效果独特，PI 国际的产品非常适合我的公司（当时大约有 8 位培训师）。这就是销售可以而且应该接受科学测量的确凿证据。

长话短说，PI 国际于 2006 年收购了我的公司，而我于 2007 年当上了 PI 国际的首席执行官。如今，PI 国际是使用科学的行为和技能数据衡量并带动销售业绩的顶级公司。

尽管 PI 国际在商业界取得了成功，但本书并不是对这家公司产品的推介。本书把这些产品用作例证，来探讨隐藏在这些例证背后的科学，以及这一科学怎样被应用到销售中，而不管实际运用的具体评估工具是什么。

在过去的 10 年间，销售业的几乎所有方面都发生了巨大变化，而它揭开销售神秘的面纱、摒弃其中趣闻轶事的方面，向科学销售的转变，以我之见，这才是销售业在这一阶段最重要的进步。

这并不意味着科学销售已经产生了巨大影响。尽管现在有数百家公司从事科学销售，但这些公司，众所周知，只是冰山一角。当科学销售成为规则而不是例外时，它的真正影响才会显现。

对此，我们翘首以待。

目　录

第 1 章　销售的科学 1

不断变化的销售性质 2

销售管理上的危机 6

科学销售的出现 13

第 2 章　行为评估的科学 17

行为评估 18

行为调查 21

行为科学的商务应用 23

行为评估的效能 27

如何选择行为评估方法 28

行为科学和管理大事记 31

第 3 章　销售技能评估的科学 35

销售技能评估的历史 36

销售过程的出现……38

销售过程的局限性……40

销售技能的演变……42

解决方案销售的局限性……43

销售技能评估工具……45

技能评估大事记……47

第 4 章 招聘销售人才的科学……49

多数公司的招聘方式及招聘失败的原因……52

科学的招聘方法……54

如何实施科学招聘……56

第 5 章 销售培训的科学……71

销售培训为什么失败……72

销售培训为什么没有得到测量……75

科学测量工具与传统智慧……78

将科学应用于销售培训……81

定制性销售培训……86

第 6 章 销售指导的科学……93

销售指导与行为评估……94

销售指导与技能评估……99

科学指导的实例……104

销售指导的跨文化方面 ······ 106

第 7 章 销售管理的科学 ······ 114

降低销售人员流失率 ······ 116

合适的人做合适的工作 ······ 118

上升职业道路的重要性 ······ 119

销售技术的有效运用 ······ 121

打造创新性文化与创业精神 ······ 123

什么是创造性领导力 ······ 124

如何实施创造性领导力 ······ 126

培养创业精神 ······ 128

非企业家创造性的重要性 ······ 132

用科学管理变革 ······ 134

第 8 章 销售过程的科学 ······ 144

客户导向型销售 ······ 145

第 9 章 PI 和 SSAT 的科学性 ······ 177

什么使评估具有科学性 ······ 178

预测指数（PI）的科学性检验 ······ 180

SSAT 的科学性检验 ······ 187

行为评估的研究 ······ 191

第 10 章 科学销售的未来……195

认知科学……197

人类分析学……199

预测分析学……201

神经科学……202

结束语……205

第 1 章

销售的科学

Scientific Selling

我们着眼于文化与结构的变化，是因为我们的企业正在发生日新月异的变化。在这些变化中有些是为经济所迫，而且今后这样的变化会更多。我们的企业以前销售水平不高，所奉行的是“一种销售风格走遍天下”的销售理念。然而，随着时间的推移，很多新客户类型不断涌现，他们要与我们通过不同的方式进行互动。因此，我们必须改变招聘与设计销售团队的方式，所有这一切都基于对所需要完成工作的更好理解。

——ABS 环球公司人际关系与发展部经理，谢恩·麦克凯瑞本书讨论的是科学在销售业的应用。其他有关销售的书籍都冠以“科学”之名。然而，我们检查后了解到的情况是，科学只不过是书名的一部分。令人遗憾的是，尽管这些书的共同之处在于它们都充斥着“我如何在一天之内做成一单价值百万美元的生意”之类的趣闻轶事，但是为了给这些书增加一些可信度，科学一词还是被强贴在书名上。

我们所说的“科学”指的是真科学，是根据所收集的、可观察的、经验上的及可衡量的证据，并且根据具体的和被普遍接受的逻辑推理原则对这些证据进行分析的科学。我们指的是科学方法——包括通过实验收集数据及对假设的构想与测试的真科学。需要强调的是，我们在本书中不讨论需要强大的信念才能相信的伪科学。

本书还是科学销售方法的宣言书。书中含有很多案例研究，说明这些科学方法对这些公司提供了什么样的帮助，而且恰如其分地显示如何通过运用真科学而提升了销售环境中的诸多方面——管理、指导、培训及取得长期的可持续的销售业绩。本书还描述了科学探究的新领略（如神经科学和认知科学）的进一步应用将如何改变销售业。

不断变化的销售性质

销售业与销售过程的科学革命正在这场范围最广的变革中取代销售经理、团队和个人在商业历史上的角色。数十年来，销售人员的角色一直没有改变。销售人员一直在用自己的三寸不烂之舌为客户提供信息、签订单，从而推动了贸易的顺利进行。

2002年前后，互联网（随着实验网络化时代）开始成为商业前景不可分割的内容，这种状况随后发生了变化。一系列新的科学技术，从电子邮件、自动化供应链、云计算、智能手机、网络会议、搜索引擎，到社交媒体，全都闯进了工作场所。虽然某些科学技术以前就存在，但互联网释放了它们无孔不入的潜能，而这种潜能就渗入现代企业的各个方面。

公司与公司之间的买卖，以及公司对消费者的销售方式都发生了显著变化，其显著性超过了其他任何方面。事实上，这种变化如此之多，我们可能无法将其与10年前的不同之处一一列举。不管怎样，我们相信，下面列出的趋势体现了这些巨大变化的亮点。

*趋势1：购买者拥有更多信息。*如今的购买者手头的在线信息要比10年前能够想象的多。在短短几秒钟的时间里，潜在客户可以发现有关一个公司、其竞争对手及其所在行业的大量信息。购买者的信息不局限于硬数据，他们还可以在社交媒体网站上收集来自朋友、同事和陌生人（如匿名评论）发布的软数据。换言之，购买者有更了解情况和从理论上讲做出更明智决定的潜力。

*趋势2：提高了对销售的要求。*随着更多的人已经把互联网当作自己购物的第一选择并同时作为社交媒体，销售角色正在逐步变化以与之适应，人们已经几乎不能容忍传统陈旧的销售方法。如今的专业销售人员要获得成功，他们就必须掌握一个优秀顾问应有的全部核心销售技能、迅速摄取信息的智力、在压力之下出类拔萃的行为特质、这个领域所需的精力和耐力，以及引导销售过程的智慧，而不是为潜在客户“做些什么”的陈旧销售理念。

趋势 3：购买者更不愿意承担风险。可以理解的是，随着经济变得更加难以预测，客户们对花钱变得更加保守。他们制定了新的限制措施和评价程序，这使得花费难上加难。当客户们像这样“严防死守”时，新的评估人员频繁地来自高级管理层，从而剥夺（销售人员可能最熟悉的）业务人员的权力，并将它转交到更陌生的行政人员手中。从本质上讲，这些利益相关者更难接触，更有可能将专业销售人员拒之门外，也更有可能对专业销售人员不屑一顾。

趋势 4：销售正变得更加专业。提供销售课程的商学院数量正在迅速增加，而且与过去相比，专业销售人员更有可能得到工商管理硕士或其他类型的商务培训。尽管当今多数销售岗位对学位或某种形式的专业资质并无要求，但是其专业化趋势确实非常明显，而这种职业（如 20 世纪初的医药界）已经促成了一个专业阶层的诞生。

趋势 5：公司内部销售团队正在发展壮大。尽管路上奔波的“马路勇士”在商界内外依然是一种固定的文化模式，但就公司如何分配其销售资源来看，公司一直有从外部销售转向内部销售的趋势。根据詹姆斯·奥尔德罗伊德（James Oldroyd）博士（曾供职于麻省理工学院，现就职于韩国成均馆大学商学院）所做的一项调查，近年来公司聘用外部销售人员趋平（年均增长 0.5%），而雇用内部销售人员则出现了年均 7.5%的强劲增长态势。

趋势 6：销售与市场营销正在融合。销售与市场营销的长期角逐正在落下帷幕。这是因为，科学技术正在斩断这场冲突的根源——人们在谁是优秀潜在客户线索上长期意见不一。从网站到搜索引擎（加上网站上的大量信息）在内的潜在客户开发工具使人们得以通过销售周期追踪市场营销的有效性。为了达到提升销售业绩的目的，销售与市场营销团队不得不进行合作，而不是相互指责。

趋势 7：销售业正日趋全球化。现在，销售团队必须平衡从社会规范到语言的文化与区域现实关系。与全球性的同事团队共事及面对全球性的客户，增加了双方团体决策制定的复杂性与挑战性。现在，专业销售人员必须具有"全球销售"的知识与经验，而不是拥有那些简单的、在自己地域内奏效的销售策略。这使得销售更加依赖复杂的销售技术，而不是那些在更本地化的活动中奏效的传统销售策略。

趋势 8：社交媒体的运用不断攀升。社交媒体为销售人员提供了接触主要决策者的机会。销售人员可以通过社交媒体找到高级决策者的姓名，收集专业的个人信息，核查其他业务往来以便跟踪目前的关联，然后将所有信息综合在一起从而制定出一个了解并发展该重要客户的战略方法。销售经理运用社交媒体网站寻找新的销售人员，既包括那些积极寻找工作的人也包括那些只是想着换个工作的人。

趋势 9：销售团队正在开创新科技。在过去几十年里，销售团队有点儿像一潭科技死水。如今，他们通常是首先接受新科技的团体。例如，客户关系管理杀手级应用使云计算概念不再只是一个学术理论。销售人员还是最先使用智能手机和平板电脑的人，而且在寻找更便捷的联系方式的过程中，他们还带动了网络会议与设计媒体的发展。

换言之，销售界的方方面面几乎都在发生变化。令人遗憾的是，站在这些变化最前沿并将其加以运用使之成为自己的竞争优势——很多销售经理常常觉得这样做不是困难重重就是根本不可能。

所以，他们继续固守陈旧的招聘实践、销售过程和薪酬方案，使顶级的专业销售人员永远无法在当今更为复杂的销售环境中发挥自己的潜能。

销售管理上的危机

自 2008 年以来，世界经济一直面临着许多挑战——先经历了一场现代历史上最严重的衰退，接着是数年的增长乏力与对商品和服务的需求疲软。因此，很多销售团队正在为生存而挣扎也就不足为奇了。

市场调查公司首席销售官观察（CSO Insights）最近调查了世界各地的 2 800 多家公司，对它们目前的销售业绩水平、当今销售团队所面临的挑战及公司如何有效应对这些问题等进行了调查评估。调查发现，2009 年完成配额的销售人员比例从 2008 年的 58.8%降至 51.1%。换句话说，尽管销售管理层已经根据情况对销售人员的销售额进行了调整使之与市场预期相匹配，但仍有将近一半的人没有完成销售任务。

由于整体经营环境和经济形势不会改变，所以销售管理层和销售团队有责任迎接这些新的挑战。令人遗憾的是，大多数销售组织目前的状况与理想的状况之间存在着巨大差距，而且这个差距还在不断拉大。

销售经理们在接受调查时，他们对自己有效指挥销售团队的能力丝毫不感到乐观。据托德·哈里斯（一位为 PI 国际领导力开发和销售效能公司工作的博士）称，多数销售经理估计，即使最基本的、可信任的顾问式销售战略，目前的专业销售人员中也只有 40%～60%的人准备实施。

另外，有越来越多的证据表明，旧的 80/20 法则（80%的收益来自

20%的销售人员）正变得更加极端。例如，销售权威迈克·博斯沃思经常援引的一项研究表明，总的来说，多数公司 87%左右的收益来自公司前 13%的销售人员。

很多组织正在努力地充分利用现有人员，它们同时也在费尽周折地寻找脱颖而出的销售领军人物。这就造成了最佳销售人员与其他销售人员之间所谓的“百万美元差距”。虽然大多数销售经理了解分享最佳实践做法的价值，但为什么一位专业销售人员可以成功地销售 5 倍于隔壁办公室的销售人员的销售量，而他们运用的是相同的销售过程和销售工具，且销售的是一模一样的产品。对这个问题，他们通常只有一个模糊的概念。

造成这个问题的一部分原因是，大多数公司在招聘专业销售人员时使用的是临时拼凑的步骤。首席销售官观察（CSO Insight）的调查显示，只有四成的公司对自己的销售应聘人员进行系统的基本能力评估。在接受调查的公司中，大约有一半认为，它们“聘用正确专业销售人员”的能力需要提升，但是只有区区 11%的公司计划改变公司的招聘过程。

草率的招聘造成了组织的不稳定性——在承诺得以履行之前，人才就在接二连三地流失。令人称奇的是，销售代表的年均流失率为 30%左右。这意味着，在 3 个专业销售人员中，每年有一个可能要离开这个组织。由于 30%是个平均数，所以很多销售组织的员工流失率要比这个数字高得多。

员工的高流失率造成了对替换人员的持续需求。大多数公司报告称，将一位新销售代表提升到能全面胜任工作的程度至少需要 6 个月的时间。这 6 个月的时间指的是培养一般专业销售人员所用的时间，而要把一位新手培养成能够完全替代一个优秀的专业销售人员，即使这位销售人员是有可能被替代的，那这一替代过程无疑也需要更长时间。据《销售力》(*Selling Power*) 杂志称，一位首席销售官或销售副总裁的任期不足两年，而这样长的时间只够这位新人熟悉业务，刚刚开始发挥作用。

这种连续不断的人员变动需要成本，特别是当公司正处于由于经济不景气等而最需要节省资金的时候。尽管总体估计数字各不相同，但根据经验判断得出的数字是，员工流失的费用一般是一个人基本薪酬的 1.5 ~ 2.5 倍。这笔费用的一部分是直接费用（如招聘费用），但就专业销售人员来说，它还包括额外费用（如客户的流失、联系方式的流失及客户信誉的流失）。

经济困难时期对销售经理是一种挑战，因为这个时期潜在客户不愿意花钱，所以销售机会变少了。日渐缩水的客户群又加大了同行之间的竞争，这不仅使获利变得更难，也使销售人员更难以继续精神饱满、专心致志地工作。优秀的销售人员可能到销售业务不太稀缺的公司或行业找工作，公司就难以留住这些人员了。

反过来说，一个上升的经济态势也会造成员工的流失。在这种情况下，员工变得不太关心工作保障问题而更关心自己的职业发展，即使这意味着在其他地方找工作，他们也在所不惜。确实，正如德勤会计师事务所最近进行的一次调查显示，随着经济形势的好转，多达 1/3 的美国员工计划寻找新工作。

据 ES 研究小组（一家衡量并分析销售培训的公司）的首席执行官戴夫·斯坦说："不管经济形势如何，专业销售人员都很有可能跳槽。

10 年前，如果一位销售员在几家公司的工作时间不足 3 年或 4 年，人们会认为这个销售员不可靠。”他解释说：“如今，尤其是在快速发展的市场，人们期望销售人员有在多家公司、多种行业销售的工作经验。”

根据民意调查公司（Opinion Research Corporation）最近进行的一项调查，更为糟糕的是，最有可能跳槽的是年纪较小、有可能成为未来领军人物的员工。所谓“婴儿潮时代出生的人”（45 ~ 65 岁）也许渴望通过在一位老板手下工作数年后得到晋升，而 X 代人（30 ~ 45 岁）和 Y 代人（18 ~ 29 岁）则希望更为频繁地换老板。

员工流失率较高对销售经理来说是个坏消息。专家们相信，替换一个员工的总费用大约是那位员工年薪的 1.5 倍。然而，因为专业销售人员的跳槽可能意味着关键客户的流失，从而造成数百万美元的收益损失，所以他们离职的费用要远远高于这个数字。

具有讽刺意味的是，常常是公司在经济低迷时期实施的应对机制造成了销售人员在经济一旦好转时的跳槽。

例如，公司更关注资金流动时，销售团队的差旅预算就会紧张，业务津贴和佣金的支付就更慢，而且用于销售培训的支出就会减少。尽管这些举措可能是必要的，但这么做往往会疏远专业销售人员，让他们开始感觉公司并不真正支持他们付出的努力。

由于这个，专业销售人员经常从经济衰退时期开始对自己的公司及其管理层感到不满。德勤会计师事务所的调查称，计划离职的人中有将近一半的人称，对自己的经理或老板失去信任是他们打算寻找新工作的首要原因。

这在董事会会议室里根本不是秘密。还是根据德勤会计师事务所的调查，《财富》前 1 000 位执行官中多达 2/3 的人明白，对管理层的信任与信心缺乏会造成职业流动性的增加。

事实上，有些销售组织的新聘人员中可能有九成的人在工作的前两年离职，而这个期限指的只是普通专业销售人员。如果优秀的专业销售人员是可以替代的，那么完全替代这样的人员无疑需要更长的时间。毫无疑问，员工的高流失率造成了对替换人员的持续需求。就做销售而言，这是件大事情。因为大多数公司报告称，将一位新销售代表培养到全面胜任工作至少需要 6 个月的时间。

更加糟糕的是，大多数销售经理手中掌握的销售工具既陈旧又笨重。销售经理正在试图通过固守已有数十年历史的销售理念来应对这种像过山车一样扣人心弦的应接不暇的挑战。例如，人们可能（事实上很容易）在当今的销售培训市场上购买到培训课程。实际上，这些课程与给福特 Edsel 汽车的销售团队所提供的课程毫无不同。

虽然那个奇特而有趣的东西也许今天仍然有用，但是，它是曾（现在依然）建立在趣闻、假设、猜想和蛮干的基础之上的，而不是建立在科学基础之上。

这一陈旧的思想在招聘过程中表现得最为明显。很多执行官相信，如果应聘人员能够为聘用自己做个“不错的推销说辞”，那么执行官做出的聘用决策就是一个明智的决策。能力展示固然很重要，但当今的销售环境（正如前面所述）所需要的远不止是在狂欢节上招徕客户的大声叫卖。

很多销售经理在科技领域败下阵来。据市场研究公司高德纳咨询公司（Gartner Group）于 2001 年公布的一项研究结果称，在工作中每天都必须使用客户关系管理软件的人们认为，高达 50%的软件无法使用。

据客户关系管理咨询师、ISMguide.com 公司的巴顿 · 戈登堡称，尽管当今客户关系管理系统的成功率比过去略有提高，但在销售部门内部失败的科技项目并不罕见。“很多公司没有将它们购置的客户关系管理系统与销售人员的需求联系起来，”他解释说，“专业销售人员在尝试一下后，要么将此系统弃之不用，要么视之为累赘。这就使得将本来可以花费在其他方面的资金浪费在了购买硬件、软件和培训方面。”

如果销售技术支持的是不需要提升的销售行为，那这个技术本身也会造成问题。例如，一位长于产品介绍但短于最后达成交易的专业销售人员，如果给此人一个提升其产品介绍素质的工具，那他可能变得更无法达成交易。这个新销售技术必然鼓励这位专业销售人员继续将精力集中在产品介绍上，而事实上，就这位具体的专业销售人员而言，其真正的挑战在于为达成交易设立条件，然后提出交易。

销售管理层痛苦不堪的另一个领域是销售培训，既包括内部培训也包括外部培训。据 ES 研究小组的首席执行官戴夫 · 斯坦称，仅在美国，进行 B2B 销售的公司花费在销售培训上的资金在 40 亿 ~ 70 亿美元。然而，这笔巨大开销中很多钱（甚至大部分）都被浪费了。

令人遗憾的事实是，许多销售培训项目只是将激励项目进行简单的改头换面而已。而且，基于技能的销售培训项目有强调或强化非战略性行为的风险。例如，假设一位专业销售人员已经是一个不错的“交易达成者”，但在发展长期客户关系方面有困难。那么，在这种情况下，一门教授“如何达成交易”的课程不会让此人对公司整体价值有很大的提升。最糟糕的情况是，这一课程可能使这个人更无视销售过程中为实现一个战略目标所需的元素，如建立一个稳定而忠诚的客户群体。

如果不能正确地诊断出销售过程中徒劳无益的真正症结（既包括组织层面，也包括个人层面的症结），销售技术与销售培训只会使情况变得更糟。如果在没有准确无误地了解一个团队或个人失败的确切原因之前就将技术与培训投进这团乱麻之中，就无异于医生给患者乱开药。虽然某种药物也许管用，但这位患者也许因为这种药物的副作用而病得更严重（甚至死亡）。

销售过程中也会错失良机。依我们的了解，数量惊人的公司甚至没有一个基本的销售过程。相反，这些公司依靠的是组织口头传教的知识，销售人员个人依照“我们一直这么做”的信息行事，而这个信息可能鼓励多年来一直收益递减的销售行为。

也有销售组织拥有现成的销售过程，但这些组织里不懂如何运用或主动拒绝运用这一过程的个人比比皆是。令人遗憾的是，很多销售经理因为担心这一过程没有准确地反映优秀销售人员的最佳实践，而不愿意强人所难。

事实上，优秀的销售人员最抵触实施这一正式的销售过程。这是因为，根据他们的经验，这一正式的销售过程根本不奏效。确实，这个过程本身可能建立在未经验证的所谓对客户“应该奏效”的理论之上，而不是建立在多少有些用处且可衡量提升业绩的基础上。

此外，还有一些组织不仅拥有现成的销售过程，专业销售人员也严格遵循这一过程，但是因为这一过程没有准确地反映公司的战略需求，所以这些组织也没有取得成功。例如，一个销售过程所强调的是寻求新业务，但这个公司的经营模式需要的是低成本销售，而低成本销售只有在交叉销售与追加销售机会高度结合时才有可能实现。

高级销售管理人员与销售经理，作为一个阶层，他们已经意识到自己没有掌控日渐复杂的销售环境的能力。据《销售力》杂志称，普通的销售副总裁或销售总监的在岗时间不足两年。确实，如果销售经理面对这种无处不在的工作不安全感，却意识不到销售管理或多或少处于一种持久性的危机之中，那才会令人感到奇怪。

现在出现了这样一幅画面：销售管理人员不仅在与经济困难做斗争，而且在与经济波动做斗争。他们斗争失败的特征是，没有能力聘用合适的员工，无法给所聘用的员工提供足够的培训，而且无力留住那些确实成功的员工。

科学销售的出现

解决此种销售管理危机的方法是，将科学（再次重申，我们说的是真科学，而不是口头上的科学）引入销售组织。有了科学销售后，销售就不再是一种“巫术”，而且即使在经历快速巨变的市场上，它也变得更具衡量性，也更具可预测性。

销售管理危机的每个要素，都是由无法充分衡量造就成功销售团队的基本要素而引起的。

这并不是说，多年来销售组织一直没有对自己的业绩进行衡量。事实上，比销售团队受到的衡量更频繁的企业部门寥寥无几。令人遗憾的是，当提及衡量标准时，多数销售部门着眼于下游衡量标准，如每月的成交量、产生的收益等。

虽然一些组织也跟踪销售过程中的重大事件（如无约访问的客户转化率），然而拥有可用于衡量上游成功因素（如公司聘用能够在艰苦环境下顺利工作的专业销售人员）工具的组织寥寥无几。同样，大多数公司缺乏衡量具体行为的方法，如营造初始销售机会的能力、向客户展示产品或服务具体优点的能力。

销售经理如果想在一个日趋复杂和竞争日渐激烈的商务环境中打造成功的销售团队，他们就不能随意地把技术和培训抛向未知，并希望奇迹会发生。相反，他们应该采取一个科学的方法，衡量在每种销售情况下具体需要做些什么。而且在采用这种衡量标准之后，他们必须紧接着运用具体的、针对具体销售优势与劣势的技术与培训。

一个真正科学的方法所要求的还不止于此。要在当今要求极高的商界管理一个销售团队，销售经理需要拥有科学有效的方法去衡量、修正并提升一个成功的销售团队和销售过程的构成要素。本书接下来的章节就是要用来自现实生活的例证来说明这是如何做到的。

具体地说，本书着重点是两个科学领域：（1）行为评估（对销售人员和销售经理的基本心理特点、内在动力与动因进行衡量）；（2）技能评估（对销售人员的具体销售知识、技能和判断力进行衡量）。这两个要素大致相当于“先天与后天”的概念——行为评估衡量的是个人的先天条件，而技能评估衡量的是后天培养的效果。

行为评估为销售经理提供了一个方法，使他们衡量并了解公司优秀销售人员的需求与内在动力，然后对招聘过程进行调整以便在未来的应聘人员中衡量出相似人格特质。它还可以使销售经理深刻了解现有工作人员的动机策略，以便于销售管理层根据每位专业销售人员的个人需求与性格对他们进行指导与管理。

技能评估可以使销售经理提取销售过程中有关销售技能效果的具体数据，如建立信任与信誉、确认客户需求、展示产品或服务、介绍产品或服务价值、处理异议、赢得销售协议并最终建立长期的客户关系。

行为评估与技能评估结合在一起使用时，就会为销售经理提供一个透视销售人员与销售过程的视角，而简单地运用传统的“靠直觉管理”和“衡量业绩”的办法是不可能做到的。

在全书中，你将看到公司通过将“科学”运用到销售过程的各方面而实现令人难以置信的成功。

例如，在第 4 章中，你将看到森迪尔银行（Centier Bank，一家拥有 20 亿美元资产的金融机构）运用科学销售改变招聘实践以提升员工的留任率。这解决了一个大问题，因为这家银行每年流失 1/5 销售人员，而且它坐落在一个尤其难招聘到销售人才的地方。通过运用本书中描述的技术，森迪尔银行的员工流失率降低了一半，降至 1/10。

同样，你将在第 6 章中看到数据库提供商——LexisNexis 如何运用本书中描述的理念来指导其兼并与收购战略，然后把这些理念当作一种手段，使经理更好地指导所收购公司的员工。其结果是，虽然公司合并中不可避免地存在各种各样的波动与混乱，但它的员工流失率降低了 50%，最终使流失率低于行业平均水平。

这并不是说没有例外。事实上，市场研究公司 Aberdeen 集团的最近一项研究表明，运用本书中所描述的评估工具，对销售业绩产生了明显、全面和持久的积极影响。它的调查称，在使用这两个评估工具的组织中，管理层对其聘用销售人员满意度较高的组织占 3/4。这些公司的聘用成本同比减少了 75%，而组织中一般专业销售人员的利润同比增加了 2.5 倍。

欣然接受更科学销售理念的销售组织必然更具竞争力，这是因为它们不会由于着眼于不相干或适得其反的活动而浪费资源。它们将拥有所需工具，可以更好地评估应聘人员及工作人员，在组织完成销售业绩能力方面进行可预测的提升。除此之外，具备如此评估工具的销售组织更有可能营造出这样一种销售文化——吸引并留住那些具备在这种环境下取得成功基本条件与动机的销售人员。

第 2 章

行为评估的科学

Scientific Selling

为了更好地了解如何与销售团队成员进行互动，以及如何更有效地对他们进行日常指导，公司内的所有 70 位经理都使用 PI。每位团队成员都拿到了自己的特征信息，而且如果他们愿意，那么他们可以与同事分享这个信息。当我看到自己的得分时，我对评分的详细程度感到惊讶。在解释"我是谁"及"我工作的内在动力"是什么方面，PI 得出的结论"完全正确"。

——贝尔移动公司培训经理，尚塔尔·贝达德科学销售有两个基本要素：（1）行为评估（对个人的基本心理特点进行衡量）；（2）技能评估（对个人的销售知识、技能与判断力进行衡量）。这两个要素大致相当于“先天与后天”的概念——行为评估衡量的是个人的先天条件，而技能评估衡量的是后天培养的效果。这两个衡量方法阐明了著名的“知识（技能）—行动（行为）差距”，并且为提升绩效提供科学数据。

在接下来的几章里，我们将仔细探讨如何将这两个强有力的概念结合起来用于招聘、培训、指导和管理之中。然而，为了使这些讨论更有意义，我们需要首先解释一些基本概念及这些概念背后的科学。本章着重于行为评估，而下一章将涉及技能评估。

行为评估

每位销售经理（实际上是每位经理）每天都面对下面的问题：

- 我聘用谁？
- 我提拔谁？
- 我的下一任领导是谁？
- 我怎样让员工专心工作？
- 我怎样激励员工？
- 我怎样让团队团结一致？
- 我的员工会对改革有何反应？
- 我每天对绩效有什么影响？

- 我的管理风格会对员工产生什么样的影响？

显然，所有这些问题对于解决销售经理每天面临的挑战至关重要。鉴于此，我们值得仔细研究一下行为科学和行为评估，以及它是怎样用于当今企业的。

传统上，销售经理靠的是临场发挥来回答这些问题。他们用的是直觉与反复试验相结合的方法，其结果大多是随意的。幸运的是，现在有了一种不同的、已被科学证明的方式来应对这些挑战——行为评估。

行为评估是行为科学的一个应用分支。它通过个人与团体、文化及过程的互动来研究这个人及其行为。行为科学以始于 100 年前的研究为基础，向商务应用提供大量的经验数据，其中最基本的应用是获取洞悉某人行为的大量信息，使组织做出更好的决策。

由于工作场所复杂性增加，以及工作变得更复杂、技术含量更高、更专业化，所以在使个人与其最适合的工作角色相匹配的过程中，对其个性的衡量变得越发重要。行为评估有助于解答驱动销售业绩所需的一系列决策过程。

行为科学家对激励因素和人类行为进行了广泛研究，并根据这些研究建立了行为模式。虽然他们的大部分研究技术性很强，但在这个领域工作的多数科学家对下面这些一般性看法意见一致。

- 我们的行为受两种类型的互动支配：与生俱来的行为（本能行为）和习得的行为（学习行为）。
- 学习行为始于幼年，并根据经历的多少与质量对后来的行为产生重大影响。
- 在同等条件下，某个人昨天如何表现，今天还会如何表现，明天也会有同样表现。

- 除非一个人先受到激励，否则他不会做任何事情。不过，每个人都可以受到自己的感觉性需求和感知性需求的激励。
- 你对需求的感知无法激励我，而我的感知也激励不了你。只有你的需求可以激励你，也只有我的需求可以激励我。

这些观点也为一个直观事实提供了科学根据，即领导者永远不要以为，激励我们自己或其他什么人的需求同样适用于激励所有人。

行为科学还确定了激发人类积极性的一些共同主题。这些主题包括：

- 目标。人类是目标导向型动物，所以，设定的目标会驱动行为。
- 快乐和痛苦。人类喜欢快乐而不喜欢痛苦，愿意寻求积极的结果与状态而避免消极的结果与状态。
- 掌握与控制。人类喜欢掌握与控制，而不喜欢模糊性与不确定性。这些因素直接影响人们的信心与工作效率。
- 多样性与兴趣。人类普遍喜欢有趣的、刺激的和尽如人意的活动，而不喜欢枯燥的、压力大、单调的活动。
- 社会环境。人类是社会性动物，不断地进行一个又一个的社会互动与社会比较。他们既想出人头地，又想与人和睦相处。
- 基因性。人类的基因和个人背景都是独一无二的，它们塑造了人类的需求、欲望和对事件的反应。

尽管每个人都有这些理念或内在动力，但是每个理念对一个人的激励深度与广度相差甚远。一个人也许会受到各种各样新鲜事物的极大激励，而另一个人更喜欢稳定而平和的事物。第一个人可能更适合做外部销售，在一个需要不断接触新人的岗位工作；而第二个人也许更适合做客户管理工作，一直在这个岗位上为同样的客户提供服务。

这是最为重要的一点。销售经理运用行为评估工具，因为这些工具可以对人类行为进行准确的预测——使人们深入了解一个人长此以往会是什么样的人。正因为如此，这些工具有助于销售经理应对在招聘、留用、激励及培养优秀销售人才方面遇到的挑战。

行为调查

行为评估中的一个关键概念是行为调查，即对一个人或一群人的总体心理特征进行具体研究。

行为评估技术在商务环境中的应用基于行为心理学的某些基本假设，即工作与社会行为主要是在对环境刺激做出的种种反应活动中的一种表露，可以识别为持续表露的人格特征。因为行为既具有持续性，也具有可预测性，所以行为调查为了解处于工作状态的员工情况提供了强有力的数据。

行为调查为对在不同岗位的不同类型的员工的业绩比较提供了一个可量化的衡量方法。例如，在创办自己的公司的人中，一个众所周知的现象是，随着公司的发展壮大，它会超出创始人的管理能力。尽管非常明显的反例很多（如微软公司的比尔·盖茨和 Facebook 网站的马克·扎克伯格），但是大多数公司的发展超出其起步阶段后，最终会经历某种管理人员的更换。为什么会这样？

行为调查能够提供答案。PI 欧洲（PI 国际的一个会员公司）最近赞助了一个调查项目——对过去 12 年中进入爱尔兰安永年度企业家（Ireland Ernst and Young Entrepreneur of the Year）评选决赛的 227 位企业家进行调查。这项定量心理测试的目的在于，确定驱动一个人成为企业家的心理因素。

研究显示，接受调查的企业家中 82%的人果敢、坚定、自信、具有挑战性、勇于冒险、独立、竞争意识强；而 85%的人耐心不足，而且往往烦躁不安、刚愎自用。他们带着一种强烈的迫切感工作。

从这项研究中可以得出这样的结论：成功的企业家和创新者带着一种假设—测试的心态对待生活，并且力图向他人灌输这种心态。他们在推行自己的理念时会更独立，抗压能力强，敢于直面挑战，为了实现自己的目标殚精竭虑、排除万难、勇往直前。

然而，据使用行为调查方式研究员工行为的公司 Predictive Results（PI 国际的一个会员公司）总裁史蒂夫·沃特豪斯称，尽管这个总体心理特征对创业者有用，但这组特征不适用于传统的管理角色。他解释说："一个了不起的经理必须具有同情心，使自己成功不是一个经理的职责，经理的职责是使自己的员工成功。"

这并不是说，一位企业家不能在一个更传统的环境下成为高效的经理，而是说，在多数成功企业家的总体行为特征与多数大公司的行政经理之间存在着可量化的差距。

一个类似的情况也出现在销售组织内部。公司将优秀的专业销售人员提拔到管理岗位。他们错误地认为，此人的销售行为与销售技能可以从原来的岗位原封不动地照搬到新的岗位。然而，事情并非总是（甚至经常）如此。很多情况下，这位新提拔的销售经理抵挡不住亲自上阵的诱惑，而没有指导自己的员工达成交易。

因此，运用行为调查以更好地了解员工的动因与技能的公司，它们往往会为优秀员工提供其他职业道路和奖励措施，而不是单纯地把员工提升到一个管理岗位。“行为评估有助于经理弄清楚激励员工的是什么，并且把每个人当作独一无二的人来分别对待。”史蒂夫·沃特豪斯说。

行为科学的商务应用

有远见的公司以下面的方式运用行为评估工具。

- *招聘决策*。成功招聘的基础是招聘到与工作高度匹配的人——找到一个天生具有做这份工作的能力，并且能够与该岗位要求及组织文化最匹配的人。选择过程的其他要素包括绩效标准与具体工作经历、教育背景和销售技能。销售绩效标准包括以往销售经历、成交率及销售类型。行为评估还可以用来撰写高效的广告以吸引应聘者，用来根据总体职业特征与应聘者总体特征之间的匹配和差距来设计关键性的面试问题，并且用来分析不同的应聘者与岗位之间的工作匹配。
- *员工激励*。对经理而言，要发展团队并且创造持续性经营业绩，激励员工积极工作是基本需求。行为评估为经理提供了所需的数据，可以让他们识别并了解每个人的激励性需求。员工的需求一旦得到满足，他们就会取得非凡的成就，提高生产力。他们积极性提高了，工作上的投入度也会增加。积极性高、工作投入的员工是成功人士，他们经常取得出乎意料的成功。知道了怎么激励销售人员，经理就可以定向提供如培训、指导和指导之类的销售管理干预。

- 工作反馈。在每个企业工作的每个人都需要来自其工作环境和负责反馈的人员的某种反馈。虽然对这种工作反馈需求的动因因人而异，但这种需求普遍存在。一个人需要从安全保证需求到认可或机会保证需求进行个人层面上的沟通。沟通不足会造成不稳定，会造成士气低落和态度消极，而在一个变革时期，情况更是如此。管理层对沟通质量、方式与频率的关注，对员工至关重要。销售经理与销售人员两者之间对沟通的需求可能有所差异，而了解并消除这两者之间的差异则是销售经理的职责。
- 管理冲突。大家一起共事，冲突自然不可避免。行为评估可以为冲突发生的原因提供客观信息，并通过非威胁性的方式处理棘手的情况。通过用数据解决冲突，双方都会自己感到得到了尊重，意见得到了倾听，并且可以共同解决突出的问题。这可以使经理把工作重点放在员工冲突背后的心理分析上，而不是只把眼睛盯在眼前的问题上。设法解决引起冲突的根本性问题为解决冲突提供了长效的解决方案。这种解决方案可以用来解决所有的矛盾，如经理与销售人员之间的矛盾、销售人员之间的矛盾，以及销售人员与组织内其他人员的矛盾。
- 团队建设。高效的团队，无论是部门的、跨部门的还是董事会层面上的，都会为自己高超的沟通能力、决策制定能力、生产力及士气感到自豪。而要打造高效的团队，了解员工如何共事是关键所在。行为评估有助于提供有关团队成员个人的激励性需求和工作行为的客观信息。这类信息有助于消除隔阂，使每位团队成员的优势最大化，并最终将这些优势运用到实现共同目标上。使内部销售人员与外部销售人员结成对子，或者打造一个高绩效的销售团队，需要销售经理具有高超的团队建设技能，而行为评估数据可以排除人们的猜测，而且可以就个人及团队的动态提供具体的数据。

- 绩效管理。绩效管理就是帮助员工在其工作岗位的某个具体方面做得更多或做得更少，帮助这位员工弥补不足，并且提升其整体业绩。行为评估既为深入了解一位员工当下行为的动因与内在动力提供见解，也为帮助这位员工使他欣然接受变革提供信息。拥有真实数据的经理，提升了其影响变革与长期绩效管理的能力。不论是向销售人员提供难以出口的反馈，还是鼓励此人做得更好，销售经理从行为评估中得到的深刻见解，有助于他用销售人员最乐意接受的方式传递信息。
- 指导。一对一指导是重要的指导方式。它有助于行政管理团队成员开发领导力技能，彼此建立更为牢固的关系，并以更巧妙的方式培养直接下属。行为评估为了解一个人的自然行为与其工作场所内在动力提供关键见解。它为经理了解自己的行为需求、指导方式及有关指导员工的信息提供见解。经理在掌握了具体数据之后，他就可以了解自己的员工要提升业绩到底需要什么样的帮助，同时也了解怎样才能使自己的指导谈话效果最佳。因此，销售经理指导的效率和效能都会大幅提升。针对销售人员的需求进行定向指导，这样可以使销售经理更具长期影响变革的能力。

- 组织结构变化。通常情况下，正在实施变革计划（如兼并和收购）的大型组织和销售团队的重组，一般会涉及很多结构变化。在这种情况下，行为评估是组织上下基于数据进行决策的基本工具。通过运用行为评估，组织可以深入地了解目前或潜在领导者的自然行为与工作风格，以及他们与其他人建立亲和关系的方式，并且对他们在团队领导动态中的角色予以评估。
- 员工留任。虽然很多组织着力于招聘合适的员工，但人才留用仍然是员工整个职业生命周期中的首要问题。成功的组织意识到，一个高效的员工留任战略是组织持续发展和卓越绩效的基础。那些没有把员工留任当作当务之急的组织，就会有优秀人才流向竞争对手的风险。除此之外，大幅提高留任就会减少高成本的人员流动——这不仅会免除与员工招聘、选用及遣散有关的费用，还可以免除因失去商机、生产力丧失和士气丧失而造成的经济损失。行为评估为经理了解员工的行为提供了数据，组织可以通过满足员工的需求而提高员工的留任率。
- 继任规划。毫无疑问，这是为公司的未来发展做铺垫的一个重要部分。行为评估结合其他数据（如工作经历、教育背景、个人兴趣和获得过的成绩）为确定未来领导者和公司的发展制定翔实的继任计划提供了重要信息。从公司起步到成熟，公司及其领导力的需求会在不同的发展阶段有所不同，行为评估有助于使合适的团队到位。

行为评估的效能

市场研究公司 Aberdeen 集团近来对 640 多个组织（其中包括目前把本书介绍的两个评估工具当作其人才战略一部分的 516 个组织）进行的一项研究“评估 2011：为未来而选择和培养”显示：行为评估对员工绩效评估的效果不错，具有可衡量性。在接受调查的这些公司中，Aberdeen 集团根据下面 3 个关键绩效指标寻找它称为“同级最佳”（Best-in-Class）的公司：

1. 73%的员工在上次绩效考核中得到了“超出期望值”的等级评定。
2. 69%的关键岗位至少确定了一个愿意且有才智的继任者。
3. 招聘经理满意度同比提高 19%。

Aberdeen 集团发现，属于同级最佳公司范畴的公司具备几个共同特点，其中包括：

- 在员工职业生命周期（从招聘到继任）的多个节点，评估工具都被用作推动更佳人才决策的工具。
- 人力资源与业务部门协作，制定一个用于对照评估的能力通用语言。
- 运用各种不同的、合乎决策标准的评估类型，目的是把关键人才决策方面的风险降至最低。
- 运用评估数据来帮助确定人才缺口与可利用的人才资源，用以支撑长期的人力资源和业务规划。

- 不仅对目前技能进行评估，而且还要对未来领导力及潜力开发进行评估。

在运用评估工具时，同级最佳公司相信由此得出的数据，并且把这个数据当作人才决策过程中的一个关键因素。这些公司在这个方面显示出的成熟使它们与众不同。同级最佳公司在各个方面和在每个决策点上都更重视评估数据，并把它用作决策过程的一部分。

值得注意的是，同级最佳公司与其他公司在决策方面的最大区别在于了解员工未来的潜力方面。Aberdeen 集团认为，因为这表明这些表现最出色的公司知道，仅仅了解一个员工当下的能力还不够，公司必须了解他们在将来可以做些什么，因此这个决策点极为重要。这还表明，这些组织承认，单靠本能远远无法让它们对员工的未来潜力做出评估。

Aberdeen 集团研究最后得出的结论是："由于每个经营决策都受到更为严格的监管，组织正在寻求有助于做出更好选择的工具……评估工具可以为招聘、晋升和培养决策提供宝贵见解，而且有助于组织把人才风险降至最低，而把人才绩效发挥到极致。"

如何选择行为评估方法

在互联网上搜索"行为评估"，你通常会看到市场上现有的 200 ~ 300 个各式各样的评估工具链接。然而，这些评估工具良莠不齐。要适合商务应用，评估工具必须具备 4 个特点：

1. 信度。信度指的是衡量工具的一致性与稳定性。如果被衡量的概念前后一致（如个性特征），那么如果同一个人数次参加测试，这个衡量工具应该得到相似的测试结果。
2. 效度。效度指的是衡量工具的准确性。如果一个衡量工具真实地衡量事物，那么它应是一个令人信服的工具。当一个衡量工具，以统计学的方式，与另一个构建完善并且广为接受的类似或不同概念得出的衡量结果进行比较，这时就会显示出它的建构效度。从本质上讲，这个衡量工具必须能够用经验数据证明它的衡量结果。
3. 无不利影响。这意味着评估工具经过了研究和统计学上的评估，以确保它不带任何偏见，而且某些抽样总体不会因这个衡量工具而显示出得分上的优势。从统计学意义上讲，如果没有抽样总体（如性别群体、年龄群体或种族群体）在此工具在衡量中处于不利地位，那么这个工具就被视为无不利影响的工具。正如你所想，不利影响会给企业带来严重的法律后果。
4. 遵纪守法。在运用一个行为衡量工具时，把遵守政府法规考虑在内也很重要。政府机构，如美国的同等就业机会委员会（Equal Employment Opportunity Commmission，EEOC）和世界各地的类似组织，对招聘及其他人事事务中的实践活动（如行为工具的运用）提供了指导意见。不符合管理部门标准的任何工具都应该避免在企业中使用。

在当今广泛运用的多种行为评估方法中，符合这 4 个标准的方法很多。其中包括：卡利普（Caliper）、霍根（Hogan）、肯耐珂萨（Kenexa）、智睿（DDI）、16 种人格因素测验（16PF，由美国德州信息保护与验证公司 IPAT 发布）和 SHL（国际上流行的一种方法）。

由于本书作者熟悉预测指数（PI），所以本书中的例证和案例研究都将采用这种行为评估方法。但是，我们必须强调的一点是，其他具有科学依据的行为调查方法（包括上面提到的这些）同样能够而且正在用于科学销售管理。

PI 是建立在行为心理学的一些基本设想上的一个客观评估技术。其中的第一个设想是，工作和社会行为主要是在对环境刺激做出的种种反应活动中的一种表露，可以识别为持续表露的人格特征。

PI 由阿诺尔德 ·S. 丹尼尔斯在 20 世纪 50 年代初期研发与试用，并很快将它应用于工业领域。PI 是列有词汇和短语的表格。这些词汇和短语会刺激接受评测的人，使其做出反应。看到这些刺激性的词汇和短语后，此人会做出积极或消极的反应。而他此时的反应方式，与其在列表上的词汇和短语所代表的真实环境中受到刺激时做出的反应一致。

PI 衡量 7 种内在动力与动因：

1. 影响人员与事件的内在动力。
2. 社会互动的内在动力。
3. 一个人的紧张度与节奏。
4. 遵守正式规则的内在动力。
5. 此人应对决策制定的方式。
6. 此人对影响其耐力与能力的刺激做出的反应。
7. 此人的品行。

评估数据可以使人们更清楚地了解被评估者如何应对业务环境要素，如领导力、沟通、风险担当、领导变革和决策制定等。除了衡量一个人在工作环境中的实际行为外，PI 还为环境对个人的影响进行个性化的衡量。

在 PI 体系中，PI 分析师扮演着重要角色，他们可以帮助销售经理了解 PI 工具、解读数据，并且在日常经营决策中运用 PI。PI 分析师是通过 PI 管理研讨班就 PI 系统的运用接受过全面培训的人员。高级领导者、各级经理、专业人才管理人员、人力资源主管及关键个体工作者，都有可能成为组织内部的 PI 分析师。

受过培训、肩负着管理重任的 PI 分析师，通过运用 PI 来管理员工。担任辅助工作的 PI 分析师为经理在“人事”方面的决策提供参考意见。PI 分析师还帮助经理确认和培养具有高潜力的人才，为领导力开发奠定基础。受过培训的 PI 分析师还可以为其他经理管理提供专业知识，帮助组织甄选和培养新的人才。

行为科学和管理大事记

- 1913 年：约翰 · B. 沃森（John B. Watson）发表了被称为“行为主义者宣言”的文章。沃森在这篇文章中概述了他的新哲学的主要特色，即心理学，不是什么神秘的东西，而应该是自然科学一个纯客观的实验分支。它的理论目标是进行行为预测与控制。
- 1921 年：赫尔曼 · 罗夏（Hermann Rorschach）在其著作《心理

诊断法》(*Psychodiagnostics*)中解释了如何对从实验中得到的信息进行科学的数据分析。尽管他的墨迹测验法并不特别适用于企业,但他运用科学的规则系统对心理数据进行分析的理念是行为科学的支柱。

- 1934 年:路易斯·L. 瑟斯顿(Louis L. Thurstone)发表了一篇名为《心智导航》(*The Vectors of the Mind*)的文章。他在文章中描述了自己的发现,即各种不同的人都会用打钩的方式来对某些描述性词语给予积极回应,而用不打钩的方式对其他词语给予消极回应。他设计出了具有某主导人格特质的人一贯反应的、他自称为“聚类”的单词。
- 1943 年:亚伯拉罕·马斯洛(Abraham Maslow)着手研究他的“需求层次论”,即一个描述人类心理和身体需求的金字塔。这个金字塔的底部是基本需求(如食物、水和性);往上一层是安全需求(保障和秩序);再往上一层是心理需求(友爱与归属);再往上一层是对获得成功与地位的需求;金字塔的塔尖是自我实现需求,而当一个人达到一种和谐与理解的状态时这一需求就会实现。
- 1953 年:阿诺尔德·S. 丹尼尔斯(Arnold S. Daniels)研发出并实验性地应用 Predictive Index (PI),使之可用于工业。1955 年 7 月,丹尼尔斯先生首次为一个管理团体开办了 PI 管理培训课程。自此之后,PI 管理研讨班(目前可提供 60 种语言和布莱叶盲文)已经开办了数百万场。
- 1959 年:弗雷德里克·赫兹伯格(Frederick Herzberg)提出了“双

因素理论”，即人们受到两组因素的影响：（1）激励因素（成就、赏识、工作本身、责任、升职和发展）；（2）保健因素（薪水和福利、公司政策和管理、与工友的关系、监督、身份、工作保障、工作条件和个人生活）。他发现，除其他之外，避免不满与鼓励同样重要。

- 1964 年：维克托·弗鲁姆（Victor Vroom）构想出“期望理论”。这个理论提出，人们决定以某种方式表现或行动是因为他们对所选行为结果的期望受到了激励，因而他们选择一个特定的行为而不选其他行为。这个理论强调的是，组织需要将奖励与绩效挂钩，并且确保所提供的奖励既是得奖人应得的，而且也是他们想要得到的。
- 1975 年：理查德·哈克曼（Richard Hackman）和格雷格·奥尔德汉姆（Greg Oldham）提出了“工作特征模型”。它研究的是特定工作特征对工作成效（包括工作满意度在内）产生什么样的影响。这个工作特征模型称，5 个核心工作特征（技能的多样性、任务的同一性、任务的重要性、自主性和反馈性）影响着 3 个至关重要的心理状态（感受到工作的意义、感受到工作的责任、了解到工作的结果），而这 3 个心理状态反过来又会影响工作成效（工作满意度、缺勤率和工作动因等）。
- 1990 年：埃德温·洛克（Edwin Locke）和加里·莱瑟姆（Gary Latham）发表了《目标设定与任务绩效理论》（*A Theory of Goal Setting and Task Performance*），并且把目标设定定义为设定具体的、可衡量的和设定时间限制的目标。他们发现，被视为现实的目标在改变行为中更为有效，而且制定目标是允许人们明确并朝着自己的目标努力的过程，而这些目标经常带有经济的或职业的目的。

- 2006 年：理查·阿维（Richard Arvey）运用对同卵双胞胎的研究来调查工作行为（如工作满意度和领导力）的遗传影响。他的研究发现，在领导力差异中遗传因素的影响占大约 40%，而环境因素占 60%。

下一章中，我们将讨论科学销售等式另一边的内容：技能评估。

第 3 章

销售技能评估的科学

Scientific Selling

我们主动或被动地运用行为评估和技能评估两个衡量工具。我在我们所有分行的人力规划中都使用这两个衡量工具，这样我就可以确保任务导向型的员工与人际导向型员工的人数。为了打造更好的人际关系，为了发掘连环式销售和交叉销售的机会，我们一直都在努力多招聘人际导向型的员工。

——企业银行分行管理销售副总裁，克莱顿·梅瑟里奥在第 2 章，我们了解了行为评估方法——衡量基本心理状态、内在动力和动因的科学方法。在本章，我们将讨论销售技能评估。它衡量的是销售人员的个人销售技能、知识和判断力。具体地说，我们即将讨论的技能评估是对销售人员个人所需的具体销售技能的评估。

销售技能评估因为衡量的是某种可以改变的东西，因而为行为评估增加了一个至关重要的方面。行为评估衡量的主要是属于一个人基本个性的部分特质，因此它评估的是一个人在既定工作岗位或销售岗位上获得成功的潜能。

相比之下，技能评估衡量的是在实际销售情况下，在专业销售人员采取的具体活动与行动中所需的销售知识量。两位 PI 测量结果非常相似的个人（他们在行为评估中的得分相近），由于先前培训、工作经验等不同，他们的技能评估结果也可能相差甚远。

然而，与行为评估不同（行为评估是行为科学的实际应用），销售技能评估具有相对丰富多彩的背景——它一直活跃在过去 100 多年的大众文化环境，因此，直到最近，也就是在过去 20 年间，销售技能评估才变成了一个真正的科学学科。

销售技能评估的历史

对销售技能进行测量的尝试并非新鲜事物。在 1916 年举办的首届世界销售大会上，来自卡内基理工学院的两位教授当众对 25 位年轻人进行了头脑敏捷度测试，以确认 25 人中谁最有可能在销售业取得成功。

那份早期测试的结果似乎已经丢失了，但由于那次世界销售大会所包括的科学根本无法与现代标准相提并论，所以也算不上什么大损失。例如，这届大会的主要内容是一位著名的颅相学家（主要进行人类颅骨测量的伪科学）做的一个演讲。这位演讲者（显然非常受大会的重视）解释说，最佳专业销售人员总有“高额头”，并且劝告销售经理尤其要避免聘用“扁后脑勺”的应聘者。

虽然这个建议今天听起来令人感到荒唐，但它在技能评估中具有代表性意义：各种各样的直观事实伪装成科学数据侵入了销售技能评估领域。数十年来，形形色色的销售权威都把自己的理念标榜为科学，而实际上这些理念根本就不科学，他们只是想通过声称这些是科学来增加其概念的可信性。

例如，只要翻一下大型销售图书的词汇，你就会发现数本声称为科学的销售图书，但只要稍加细读，你就会发现这些书中充斥着常见的趣闻轶事与令人厌烦的陈词滥调。书中很少（如果有的话）提及测量，即使提及的话也是最笼统的那种（如“经过我们的培训后，他们的销售额翻了一番”）。

对销售活动的伪科学性解读比比皆是，这是因为学术界（进行大多数突破性科学的地方）只是在近几年才对作为人类行为的销售感兴趣。即便在当今，只有 50 所商学院（世界各地有数千所）有销售课程，而对这个题目感兴趣的心理学家更是屈指可数。

这种情况可谓事出有因。传统观念认为专业销售人员只要有一张高中文凭就绰绰有余。尽管他们也许为了销售某种产品需要一些技术培训，需要掌握一些销售技能，但（根据这一理论）重要的是，他们需要具备合适的性格。正如我们在第 2 章中所知（尽管当今某些销售岗位需要全面的培训），这在某种程度上确实如此。

因为授予销售专业大学学位的理由明显不足，学术界人士一般对此学科避而远之。相反，他们更愿意把注意力放在市场营销上——它显得更专业一些。随着时间的推移，这就造成了学术界内部对职业销售人员的一种偏见。例如，彼得·德鲁克（也许是商务和管理界最具影响力的学术界人士）表示了其著名的观点：市场营销的目的就是使销售成为多余。

对屈指可数的销售活动分析把这些销售活动归纳为，只要得到足够激励就可以实施的、高度程式化的行为。例如，20 世纪三四十年代的销售培训课程甚至描述了在请客户签合同时如何把笔递给对方。人们对销售活动进行的唯一测量标准是：客户购买了还是没有购买。人们认为销售行为本身根本不值得进行任何学术意义上的衡量。

销售过程的出现

20 世纪 70 年代，这种销售过度简单化方法悄然发生了改变。这主要是由于，尤其是在 B2B 销售环境中，被销售产品的类型发生了变化。以前，无论是在经营环境还是在消费环境中的销售人员在很大程度上都被视为信息传递者和订单签订者。

然而，20 世纪 70 年代电脑开始改变企业的运作方式。这些变化，以及引发这些变化所需的科技和专业技术远远超越了推销说辞和书写流畅的自来水钢笔的世界。客户们要求而且也需要解决方案。因此一个新的销售模式从办公自动化的世界里脱颖而出，也就顺理成章了。

这种叫作“解决方案销售”的理念在美国 IBM 公司、王安实验室、施乐和当时其他一些高科技公司里同时出现。旧的销售理念强调的是程式化的行为，而解决方案销售使销售人员把着重点放在客户的需求上（尤其是放在造成痛苦的难题上），并且使用定制化的产品或服务。

解决方案销售理念认为一个销售过程（销售周期）包括下面的数个（或所有）步骤：

1. 寻找新客户。
2. 对客户需求进行诊断。
3. 精心制定一个可能的解决方案。
4. 确定价值。
5. 为满足决策者的要求进行讨价还价。
6. 职位证明、投资回报率（Return On Investment，ROI）及整体解决方案。
7. 就达到一个双赢结果进行谈判。
8. 继续追踪以确保客户成功。

随着其他行业为了充分发挥计算机技术的作用而改变其经营模式与经营结构，解决方案销售的理念也迅速传播到这些行业中。例如，当今许多公司拥有复杂的供需链。而在过去，这些公司为了制造零部件或为了分销货物而自己备有垂直结构。一个复杂的供需链中的每个元素都代表着解决方案销售——专业销售人员接管客户企业的一个重要环节，使自己的产品或服务适应这位客户特殊需求。

令人遗憾的是，解决方案销售永远无法完全摆脱程式化的行为理念。它常常依靠销售提示语和销售讲话术，销售人员认为应该用这些来引导谈话，而事实上这些手段的应用只会惹恼潜在客户与客户。更为重要的是，人们很少（如果有的话）对其效果进行衡量。尽管当时没有统计学方法来对这种销售方式的影响进行评估，但人们认为它是有效的。于是，如果解决方案销售达不到预期效果，人们总会把这种失败归咎于销售人员个人不愿意或没有能力实施这些技术。

销售过程的局限性

直到销售过程本身被编进计算机系统之后，才出现了测量形式。运用计算机来跟踪销售活动的首次商业尝试出现在 20 世纪 80 年代。这些系统被统称为销售自动化（Sales Force Automation，SFA）。这个术语清楚地表露出一种偏见，即将销售看作与在流水作业线上作业相同的程式化活动。

销售自动化及后来取而代之的客户关系管理(Customer Relationship Management，CRM）强调的是使解决方案销售的销售过程更具可重复性也更标准化。人们期望也鼓励专业销售人员，在销售过程的每一步，遵循一套标准化的销售行为，并随后将自己的活动结果一一记录下来。这一过程与工厂自动化系统监测生产线的步骤非常相似。

因为这种系统一般要迫使销售人员在完成自己的正常工作之外，还要进行额外的信息录入工作，所以它们不受销售人员的欢迎。除此之外，这种销售自动化的工厂模式往往会忽视一个相当明显的事实：客户们的购买过程可能迥然不同。

然而，将数据储存进数据库中可以使销售经理们检查，从销售机会到潜在客户再到客户的转化率的量化数据。突然之间，销售具备了可衡量性，而在过去这是绝对不可能的事情。现在，人们可以用计算机来记录所发生的事情并且（至少在理论上）可以复制成功的销售场景，对失败的销售场景进行诊断并予以避免。

令人遗憾的是，这种解决方案销售模式（其销售过程依靠的是一个工厂模式），往往会忽视一个相当明显的事实，即客户们对购买过程如何进行可能有迥然不同的想法。解决方案销售整个基础仍然是假定销售是对所有人都一样的、可重复的简单过程，而不管这个人的基本个性和整套技能如何。

更为重要的是，尽管销售自动化和客户关系管理确实可以允许对客户转化率进行统计学意义上的衡量，但是被衡量的只是单纯的销售活动结果，而不是销售活动本身。因此，这种衡量只能就卖家和买家个人所在的实际销售场景中所发生的事情提供最基本的、最粗略的情况。

当把销售过程步骤的统计学衡量用于对销售培训的前后对比分析时，这种局限性最为明显。例如，对无约访问技术的培训会提高客户线索转化为潜在客户的整体转化率。它甚至显示出，与另一个销售人员相比，某个专业销售人员在客户转化率方面的具体提升情况。

但是，这些衡量工具中没有一个能解释这个提升（或没有提升）背后的“为什么”。这在一定程度上是由于衡量工具的局限性造成的。但是，这个局限性也是将销售活动视为一套以具体顺序进行的、程式化活动的必然结果。我们需要更多的东西。

销售技能的演变

随着时间的推移，销售经理和专业销售人员，以及为他们进行培训的人员逐渐认识到了销售过程的这些局限性（既包括衡量工具也包括对销售的积极影响）。因此，人们对在销售环境下什么最重要这个问题的想法逐渐发生了改变。

虽然这种思想转变呈现出多种形式，但总体来说，它包括脱离从程式化行为与销售里程碑相结合的思想，而转向审视、理解与强化不同销售环境下的一般性技能。在销售培训市场上，这种新思维的例证很多，其中包括《攻心式销售》（*Customer-Centric Selling*）和《再造销售奇迹》（*The New Solution Selling*）等。

在本书中，对销售过程再思考的关键是被称为客户导向型销售（Customer Oriented Sales，CFS）的方法。客户导向型销售对销售科学的重要性在于，尽管这种销售模式与其他销售模式相似，但它是寥寥无几的几个可以予以衡量的模式中的一个。本书的第 8 章将完整地描述客户导向型销售及其与销售技能评估工具（SSAT）的关系。

我们还将在本章的后半部分讨论此衡量方法。然而，为了使这个讨论合情合理，我们必须先总结一下客户导向型销售方法，并且了解这种方法及类似方法与以前留下的程式化销售模式的不同之处。

客户导向型销售有两个重要特点使其独树一帜，不同于过去经典的程式化销售模式。

第一个特点是，它来自客户的视角。它不是“我关于我自己的看法”的销售，而是“就你而论的我”。这种对买家而非卖家一方的强力聚焦体现在与销售过程有关的每项技能中。

客户导向型销售的第二个特点是，它靠的是销售人员复杂的判断力。那种生搬硬套、死记硬背的开场白方式，以及根据预定计划僵硬地达成交易或展示产品的方式都已不见踪影。客户导向型销售强调的是，迅速了解一个销售状况，把对如何利用这个信息的判断力运用到销售过程的每一步，把产品及服务的信息综合在自己面前，并对销售过程进行相应的管理。

客户导向型销售方法建立在过程驱动销售、技能驱动过程的先提条件下。这个等式有助于将过程与技能正确地联系在一起。过程是帮助销售人员向前推进销售的路线图。技能是为天衣无缝地实施销售而提供知识的内在步骤。

解决方案销售的局限性

旧的、程式化的销售模式运用的是一个“他说那个……你说这个”的方法。例如，博斯沃斯最初的解决方案销售模式是创建一系列的销售提示语，即为客户组织架构中每个类型的决策者制定出专门的相关问题列表。这些问题分为两大类：

1. 诊断性问题。这些问题通过确认潜在难题与有利于卖家的潜在机遇，帮助客户讲清楚需要与目的。

2. 使用场景问题。这些问题帮助客户想象，如何通过使用自己的产品使他们的难题得到解决，使他们的目的得以实现。

按照这种模式，销售人员首先要提出诊断性问题，然后根据对方的回应，提出合适的使用场景问题。例如，一位销售人员正在向一家制作公司销售一套库存控制系统。他可能使用下面的诊断性问题：

1. 多久出现一次因零部件不在供应链上而造成产品的生产滞后？
2. 你怎样应对没有及时交付产品的客户？
3. 你曾经因为没有及时交付产品而失去过订单，失去过客户吗？

假定销售人员使用第一套问题问客户需求，那么这位销售人员接下来问一套使用场景问题：

1. 如果你目前经历的库存不足问题只有 1/10，那会对你的公司产生积极的财务影响吗？
2. 在货物装运延期时，如果能够自动地告知所有客户，他们的货物装运会延迟，这样做会有所帮助吗？
3. 当错过零部件的交付时间时，你愿意让系统确定所有会受影响的订单，以便于你前瞻性地通知客户并且使对你的业务的影响降至最低吗？

正如很多专业销售人员可以证实的那样，即使客户如何进行销售谈话有自己的想法，解决方案销售模式也假定客户会愿意参与到这种程式化的交谈之中。

客户导向型销售方法认为，销售过程不是一个程式化的交流。买卖双方在谈话过程中，专业销售人员要引入问题，并鼓励客户详细说明自己的难题、目的等。这种销售方法不赞成照本宣科式的交流，相反，这种方法的销售技能在于能够倾听并且使自己适应客户的诉求。

销售技能评估工具

客户导向型销售与其他销售方法最显著的区别在于，它不仅仅可以被科学测量，而且与一个已经得到科学证实的测量工具结合在一起使用。1999 年，本书作者开发了销售技能评估工具（SSAT）。这是一个基于情景的测量工具，检验聚焦于销售技能和影响力的 5 项具体的技能。

销售技能评估工具是一个诊断性工具。它专为量化销售团队每个成员的销售技能及判断力，并且帮助销售经理确定销售人员在销售技能、行为与业绩之间的差距。SSAT 含有 25 个有针对性的问题，用以评估前面定义过的、客户导向型销售模式中的关键销售技能。

SSAT 得出的结果为销售优势、技能、亟待提升的领域提供客观的视角。这些结果为销售人员 5 个核心销售技能中的每项提供一个统计学评价，并且将每个销售人员与其所在部门或团队及整个销售队伍的数据进行比较分析。SSAT 提供的信息还可以为销售管理层提供展示针对小组的、针对部门或团队的及针对每个销售人员需求的具体定量数据。

例如，一个客户公司可能从 SSAT 测评结果中得知，整个组织需要提升倾听技能方面的培训。它可能得知，一个小组需要提问技能方面的具体培训。它还可能得知参与者中技能知识参差不齐，而且这一需求通过个人指导，而不是小组培训可以达到最佳效果。SSAT 测试结果的针对性信息有助于公司为自己员工的发展提供具体的培训与指导。

更为高级的组织把 SSAT 当作其 5 级测评体系的一部分，以确定其培训项目的投资回报率。销售技能评估工具被用作 3 级内的标准测评工具，以明确当知识与技能应用到工作环境中时必须做出改变的行为。一般情况下，SSAT 会在 6～12 个月后再次运用，与 4 级测评（对组织业绩的衡量）进行对比，并且用于 5 级中以确定其培训投资的回报率。

SSAT 可以用作一个独立的诊断性方法，也可以作为组织中更为严格的 5 级测评体系的一部分。无论用于哪种情况，SSAT 的目的都是为管理团队和参与者提供一个机会，来评估个人和团队的技能水平，并对培训计划的整体效能进行测量。

需要强调的是，SSAT 的科学效度已经被无数次证实。接受过 SSTA 测试的业务客户包括各个行业的行政管理人员、销售代表、经理和一线员工。迄今为止，SSAT 已经用于北美、欧洲和亚洲的 20 000 多个人。现在，销售技能评估拥有 24 个专为不同岗位和行业制定的版本（如外部销售、客户服务中心、卫生保健、银行业等），目前可提供的语言有英语、西班牙语、德语、法语、丹麦语、荷兰语、罗马尼亚语、葡萄牙语、俄语、汉语、朝鲜语和日语。

对 SSAT 的多重研究已经证明，它在美国的同等就业机会委员会所要求的包括种族、年龄和性别在内所有方面都具有信度（无偏差）。目前，我们正在对 SSAT 进行多项研究，以证明它在其他商业应用方面的效度。

2005 年，本书作者独立承担了一个研究项目，以此作为在马萨诸塞州剑桥学院修读的心理学硕士学位要求的一部分。在这次研究中，本书作者将心理咨询领域的知识用来测试 SSAT 中的软技能衡量工具是否可以应用到销售环境之外的领域。

在后面的章节中，我们将审视如何将行为评估和技能评估用于各种战术销售和销售管理场景中。我们将在第 4 章特别审视行为评估如何用来制定更好的招聘决策。

技能评估大事记

- 1904 年：P · W · 瑟尔斯在《系统》（*System*）杂志上发表了一篇关于公司如何开始实施销售过程的文章。推行这些项目的目的是使销售更具统一性、可预测性及（更重要的）更具可复制性。这些销售过程告知销售人员在销售时的具体站立方式，具体要说什么话，甚至具体要做什么手势。
- 1916 年：《销售》（*Salesmanship*）杂志出版商 Barret 主持召开了首届销售培训大会。与会的管理人员来自福特汽车公司、公平人寿保险公司、巴勒斯计算器公司和国家收银机公司。会上，25 位年轻人接受了头脑敏捷度测试，尝试初步量化这些人的销售能力，而一位颅骨学家建议聘用高额头的销售人员。
- 1926 年：A. J. 斯诺出版了《个人销售心理学》（*Psychology of Personal Selling*），初步尝试把销售与购物解释为一种神经科学。由于缺乏精确的测量设备，他只能对决策制定时大脑神经细胞的行为与其他生理变化进行推测。

- 1933 年：查尔斯·贝内特出版了《科学销售》(*Scientific Salesmanship*)，该书解释了整体经济活动与发展环境下的销售行为。他与其他同期的专家一样，把销售主要看成一种通过一套特定的、外部的、高度程式化的销售行为传递的应用热情。
- 20 世纪 50 年代：罗恩·波佩尔开始用在几十年前开创的高度程式化的销售技能在电视上竭力推行消费品。随着时间的推移，推销说辞的概念成了大众文化中一个定义明确的部分，从而使得传统的销售技术显得越发矫揉造作，也越来越没有效率。
- 1968 年：奥格·曼狄诺出版了《世界上最伟大的推销员》(*The Greatest Salesman in the World*)。书中讲述的一个贫穷的赶骆驼男孩发家致富的故事广为流传，并强化了一个观念，即学习销售主要是掌握基本技能的问题。他设计了一个为期 10 个月的旨在自我提升的重复性阅读项目。
- 1975 年：弗兰克·沃茨制定了被称为解决方案销售的销售过程。这个过程后来被迈克·博斯沃斯和基斯·伊迪斯及几十位追随者推广。这一销售过程提供的是一系列死记硬背的问题，其目的是帮助专业销售人员寻找潜在客户、诊断客户需求并且制定解决方案。这个销售过程没有做任何测量效果的尝试。
- 1999 年：南希·马丁尼（先是斯蒂芬斯）研发出了销售技能评估工具（SSAT），一个基于场景的测评工具。这个测评工具与成功的客户导向型销售方法结合在一起，对聚焦于销售技能和影响力的分成了 5 个具体技能领域的 25 个销售技能方面进行测试。

第 4 章

招聘销售人才的科学

Scientific Selling

过去，我对要招聘什么样的人心里有数。我会写一个列有 10 个或 20 个形容词的单子，说明我认为一个坚定的推销员应该是什么样的人。即使如此，这种方法非常主观，也过于情绪化。现在，我拥有了工作要求选项工具，我会对每位有诚意的应聘者进行 PI 测试。但这并不是最终决定因素，你必须考虑应聘者的 SSAT 成绩、年龄、工作经验和面试情况。虽然如此，我也很少面试工作要求选项测试不合格的人，因为它描述了我所要寻找的行为。

——Harden 制造公司总裁，哈利 · 奥斯特伦每个销售经理的职责描述中最重要的一项任务也许是招聘合适的员工。令人遗憾的是，多数销售经理对于如何着手这项工作心里没数。销售经理明白，公司需要客户信赖的销售人员，但是销售经理们缺少确认什么是令人信任的人的客观标准。同样，销售经理们也知道，公司需要有主动意识和工作热情高的人，但是销售经理们缺少在面试过程中确认这些品质的技能。

据 PI 国际的科学主管托德·哈里斯博士说，就挑选优秀的应聘者而论，销售经理非常清楚他们做得非常失败。他说："大多数销售经理估计，目前专业销售人员中只有 40%～60%的人可以实施基本的销售战略。"

这种情况一年比一年糟糕。例如，多数销售经理了解人们常说的 80/20 规则，即 80%的收益一般来自 20%的销售人员。然而，据销售权威博斯沃斯称，研究显示，多数公司 87%左右的收益来自公司前 13%的销售人员。

销售经理无法选出优秀销售人员，部分原因是他们不知道为什么使用一样的销售过程和销售工具去销售一模一样的产品，而一个专业销售人员的销售量是隔壁办公室那位销售人员的 5 倍。这个问题很棘手，所以很多销售经理几乎一概拒绝承认这个问题的存在。

据首席销售官观察（一家调查与研究全球销售团队的公司）称，只有四成的公司对其销售应聘者的基本能力进行系统评估。在接受调查的公司中有一半认为，他们"招聘合适的专业销售人员"的能力需要提高，只有区区 11%的公司计划改变其招聘程序。

草率的招聘会造成组织的不稳定——在承诺履行之前，他们的人才大批流失。令人吃惊的是，销售代表的平均年流失率为 30%左右。这意味着，在 3 个专业销售人员中每年有一个可能要离开这个组织。

现在不妨考虑一下：由于 30%是个平均数，所以很多销售组织的员工流失率要比这个数字高得多。事实上，有些销售组织的新聘人员中 9/10 的人可能在工作的前两年离职。

毫无疑问，员工的高流失率造成了对接替人员的持续需求。就做销售而言，这是件大事情，因为大多数公司报告称，将一位新销售代表提升到全面胜任工作需要至少 6 个月时间。

这 6 个月的时间指的是培养一般的专业销售人员。而要把一位新手培养成能够完全替代优秀的专业销售人员，即使这位销售人员是有可能被替代的，那这一过程无疑也需要更长时间。

在提到招聘销售经理方面，情况更是糟得让人难以置信。据《销售》杂志称，一位首席销售官或销售副总裁的任期不足两年，这也只够这位新管理人员熟悉业务并开始发挥作用。

这种连续不断的人员变动需要花钱，一大笔钱。尽管总体估计数字各不相同，但根据经验判断得出的数字是，一般情况下，员工流失的费用是一个人基本薪酬的 1.5 ~ 2.5 倍。

这笔费用的一部分是直接费用，如招聘费用。但是，就专业销售人员来说，它可以包括额外费用，如客户的流失、联系方式的流失及客户账户信誉的流失。

总而言之，糟糕的招聘造就了糟糕的销售团队，而这又意味着较低的收益。可以毫不夸张地说，这正是多数销售团队在当今竞争极其激烈的环境中销售时遭遇困难的根源所在。

多数公司的招聘方式及招聘失败的原因

让我们看一看一般的公司是如何招聘销售人员的。

第一步，他们通过报纸广告或互联网发布消息，请应聘者投递个人简历。广告或网上信息说明招聘的岗位和要求，一般会提出应聘者应具有若干年的相同或相关工作经验，受教育的水平，以及某些尽如人意的背景特征。还可能包括某种含糊其辞但根本没有意义的要求，如“积极性高”。

第二步，公司让人力资源部通过个人简历进行挑选，找出与岗位要求相匹配的简历。这一步淘汰了那些显然不合适的简历（如用彩色蜡笔书写的简历）。剩下的简历被送到销售经理手中。销售经理把这些简历放在一起，然后用看上去合情合理的标准或不合理的标准（如给使用彩纸的人最后打电话），把看中的应聘者筛选出来。

第三步，销售经理与应聘者联系，让他们参加初步面试。在面试过程中，公司会根据应聘者的着装及他们展示自己的方式对他们进行直接判断。尽管销售经理与应聘者最终服务的一般客户是截然不同的两种人，但是，这种面试实际上也是一个销售访问。

为了应对这些面试，销售经理一般会勾勒出一个他们认为理想的总体特征，即能够准确定位什么类型的人可能在他们的组织内获得成功。然后，他们尝试选择与这个总体特征相匹配的应聘者。然而，在决定什么特征会造就成功销售时，即使一个经验丰富的销售经理也会纠结于不相干的细节问题。例如，本书的作者之一曾经与这样一位销售经理共过事。这位销售经理坚信，他可以通过看应聘者鞋子的亮度判断出此人是否会获得成功。

在面试过程中，销售经理提出一长串问题，目的是通过这些问题能够更好地了解应聘者的性格。在多数情况下，这些问题既俗套又陈旧，而答案也同样既俗套又陈旧。即使应聘者已经对这些答案预先排练了数十次，并且像背台词一样说出答案来，销售经理依然根据这些答案对应聘者做出判断。

第四步，销售经理对谁可能成功做出最佳猜测，于是好戏就开始了。其结果可能是下面两种情景。

情景 1：公司就其产品或服务、销售过程和销售技术对新员工进行培训，并派这位新员工去销售。这位新员工要么成功地得到第一笔销售额，要么以失败告终。如果这位新员工没有销售成功，公司会给予他进一步的培训和指导，直到 6 个月后，人们才会相对清楚地看出这位新员工是否成功。

情景 2：公司不给这位新员工进行任何培训就把他放到工作岗位上，只是为了看看他是沉下水去，还是漂了起来。在多数情况下，这位新员工即使具备那些如果得以正确开发会使他们在销售环境中取得成功的基本特点，他也只能拼命挣扎，凭运气才取得不错的业绩。

这两种情景会造成下面 3 种后果中的一种。

后果 1：这位新员工销售不成功，于是被辞退。招聘公司损失了培训新员工及使新员工熟悉环境所花费的直接费用。此外，假如派给客户的不是这位新员工，而是一个合适的人选，这笔买卖就有可能达成，那

么这家公司还损失了这笔本可收入囊中的收益。

后果 2：这位新员工销售不成功，却被公司留了下来。这家公司还会遭受后果 1 中提到的所有损失，痛苦还会继续下去，几个月，甚至几年。这位业绩不佳的销售员会成为一个沉重负担，而且还会累及整个公司。

后果 3：这位新员工不知怎么取得了成功，但销售经理不知道这位特别的应聘者为什么能成功，也不知道如何来复制他的成功。然后，这个招聘过程再一次从头开始，周而复始。

让事情变得更糟糕的是，在求职面试中，有很多求职者（尤其在销售部门）很善于将自己展示为理想的应聘者，而不论工作岗位是什么。其结果是，新员工不适合这个工作岗位。这会造成数千美元的入职培训成本损失，甚至会丧失销售机会。

考虑到这些情况，多数公司不断地招聘不会销售或业绩不好的应聘者也就再自然不过了。他们招聘人时全凭趣闻轶事和猜测，而不是科学。幸运的是，我们拥有一个好办法。

科学的招聘方法

传统招聘方法因为难以置信地偏信对人的第一印象而无法成功。马尔科姆·格拉德威尔在其著作《小狗看世界》中说，研究显示，多数招聘决定是在见到应聘者时的前两三秒内做出的，而决定的依据不是真正了解应聘者是否适合这份工作，而是凭“感觉”来断定应聘者是否适合这份工作。

令人遗憾的是，与招聘经理迅速建立纽带关系的能力不能表明应聘者在某个具体的工作岗位上一定会取得成功，第一印象固然非常重要的销售工作岗位也不例外。当今世界对销售岗位的要求很高，一个友善的微笑和紧握的双手无法满足这些要求。

相比之下，通过行为评估，你能够对组织内的成功人士类型建立一个具有统计学意义的总体特征，然后用一个免费的评估方法来确认应聘者是否可能在公司里有所作为。要做到这一点，你首先需要使用一个已经被证明在统计学上有效的心理测试工具，通过衡量主要构念（如主动工作的能力、面临逆境或障碍采取行动的能力、与他人联系并影响他人的能力，以及控制活动节奏的能力），依据在你的组织内部有效的事项，来设立一个基准线。在招聘中，当应聘者经过了简历审查和电话约谈这几道最初的门槛之后，这时运用行为评估会取得最佳效果。这时候，招聘经理请应聘者接受一项调查，然后将这位应聘者的调查结果与其他数据（如简历内容、面试结果、推荐信、经验水平等）综合在一起，从而做出明智的决定。

这样可以使一家公司更为准确地预测应聘者在某个既定环境中销售是否会成功。除此之外，心理测试能够而且也应该作为销售管理、指导和发展的一个构件在招聘之后使用，用以激励和最大限度地提高销售业绩。

例如，PI 国际最近帮助一家公司招聘和评估了 32 个外部销售代表。这些销售代表的任务是向中型企业销售制造设备。心理测试帮助销售管理人员发掘出那些更独立、自信、坚定和了解客户需求并欣然接受变革的专业销售人员。在为期 27 个月的时间里，这些人的销售量是那些不具备这些品质的人的 5 倍之多。

与求职面试及其他招聘方法不同，心理测试既具有信度也具有效度，因而具有科学性。它排除了猜测，使招聘经理轻而易举地挑选出那些可能在任何既定销售环境中都能把工作做好的应聘者。因此，获取成功的应聘者的比例大幅提高了；完全失败的专业销售人员，如果有的话，变少了。

这使得公司能够从一开始就聘用到合适的人选。行为评估能够使你制定一个程序，以便让你始终如一地核实这个岗位需要什么知识、技能和能力。此外，行为评估还可以确保这位应聘者的性格与这些要求相符，并且与他潜在队友的性格一致。

换句话说，这给那些位于中等水平的应聘者提供了一个提升的希望，而在传统招聘场景中，这种希望是缺失的。由于这些应聘者在被聘用时对自己的基本性格特征更了解，所以销售经理可以更为容易地进行定向培训与指导，使之符合这位应聘者的思考与学习方法。

这样做的一个主要好处是，高潜力应聘者离职的可能性小了很多。对于任何销售组织而言，即使一个业绩平平的专业销售人员的离开也会带来毁灭性的经济后果，如损失与这个人关系密切的客户。

如何实施科学招聘

科学招聘分为 7 个步骤。每个步骤都建立在前一个步骤的基础上，以此增加招聘过程的量化水平，同时去除影响招聘工作中的大部分主观因素。

第一步：岗位分析

找到最佳销售人才的关键是要了解你正在寻找何种人才。对招聘岗位进行详细描述是首要任务。从数个利益相关者那里了解情况可以消除混乱，避免浪费时间。

一个完整的岗位描述应该包括：部门组织结构、角色目标、关键绩效指标，以及该岗位对应聘者的工作经验和教育背景的要求。

在大多数情况下，为了描述一个岗位，公司只是注重这个岗位对应聘者的教育背景和工作经验方面的要求。例如，半导体行业的一个销售岗位可能要求应聘者具有电子工程学位和 10 年相关工作经历。然而，尽管这些要求都很重要，但是当谈及某种性格特征的人是否适合某种既定岗位时，其他因素也同样重要。

岗位分析以陈述的形式呈现。例如，本岗位需要与不同类型的客户进行大量互动，本岗位需要对客户进行大量无约访问，本岗位需要与新认识的人迅速建立联系的能力。那么，这些因素明确了一个招聘职位信息或者招聘目标。这自然会吸引某些性格类型的人，而这些人可以通过测试过程在招聘过程中予以确认。

在 PI 系统中，使用一个被称为工作要求选项的工具可以达到这个目的。工作要求选项既可以用来明确某具体岗位的要求，也可以用来使一组人员就一个岗位的要求达成一致。在某些情况下，团队成员、经理或董事会成员会制定数个工作要求选项，然后进行讨论与修改，以便为某个职位制定出最终的工作要求选项。工作要求选项用的是图形格式，以便对招聘职位信息和各种不同的求职者特点进行比较。

假如你需要为一个外部销售岗位招聘一个具有下列特点的员工：

- 工作重点是达到与组织及其战略目标一致的业绩。这需要进取心与竞争意识，以及在变化多端的条件下一心一意把精力放在业绩上的能力。
- 因为环境与组织状态变化不断，所以这项工作需要创新性与创造性，为快速反应开动脑筋。决策制定将集中在采取实用而及时的解决方法上。因此，这个职位需要做事干练，具有处理各种情况的能力。
- 本岗位需要自信的人。应聘者必须有信心瞄准目标努力完成业绩，同时有信心不断解决问题和调动其他人的积极性。本岗位需要一种坚定、目标驱动型的人，而且能够积极主动地激励、培养和调动他人积极性的领导人才。本岗位强调与个人及组织建立亲和感和客户关系，这需要一种爽直、沉着和劝导性的沟通人才。
- 由于工作节奏比较快，所以应聘者必须具备快速、全面了解情况的能力，并且不断识别并适应瞬息万变的形势。本岗位要求应聘者具有高效委派有工作经验员工的能力，例行工作和重复性的琐事应该分派下去，受聘者要承担随访工作并且对委派员工及时完成任务担当责任。
- 本岗位需要应聘者具备独立行动的能力，有紧迫感和处理各种挑战的信心，需要为了企业的成功而全力以赴并能够高标准完成任务。

- 本岗位的重点是业绩和通过员工实现业绩的高效体系，而不是实施细节。工作环境灵活，富有变化，提供发展机遇和认可，达到经营绩效即可得到奖励。

如果转化成工作要求选项图，这种工作可以用图 4.1 表示。

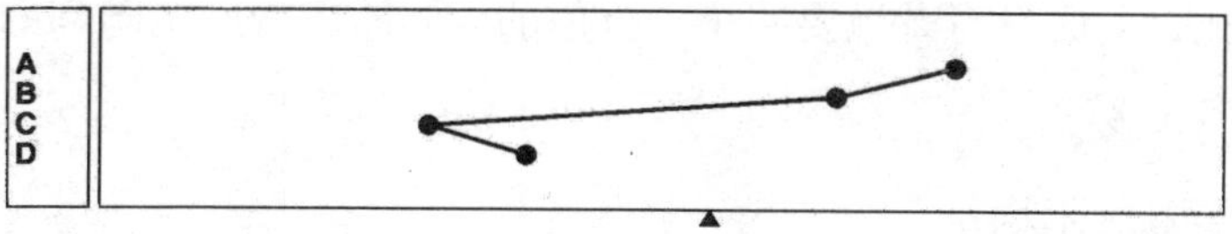

图 4.1　工作要求选项

请注意，因为我们正在用工作要求选项来阐释科学招聘的运作方式，所以你不需要了解这个工作要求选项为什么会呈现出这种形式。（如果你对工作要求选项和 PI 系统感兴趣，你应该得到这个系统的认证。）在这里，重要的是科学招聘的一般方法，而不是我们用来做阐释的系统详情。

第二步：设计恰当的招聘广告

在确定了能够与总体性格特征相吻合的工作环境后，你要撰写一个招聘广告来描述这个环境，而不要描述这个人。这个区别很重要，这是因为，招聘广告的目的是，你要从一开始就将那些不可能在该岗位上获得成功的应聘者排除在外。

假如你描述的是你想要招聘的那个人的特征，那么几乎所有的人都会觉得自己适合做这份工作。正如每个人都觉得自己具有幽默感一样，每个人都会认为自己是企业家、工作积极主动的人，或者高效率的人。

反过来，如果你描述的是工作环境，那么潜在应聘者就会想象自己在这个环境里工作的情况，并且根据他们自己对广告描述的反应，判断自己是否适合做这份工作。

例如，与一份写着“即使多次遭到拒绝依然渴望进行销售”的广告要求相比，上面只写着想要一个“自信的人”的广告所招聘到的不合适的员工会更多。

下面是一个例子。

先前的广告：ABC 公司愿意邀请有追求、勤奋努力的个人申请全职外部销售岗位。申请人应该能够为商务活动提供新见解与改进意见，在所有情况下都保持彬彬有礼、尊敬客户而且品行端正。此人应该既具备独立工作的能力，也具备团队工作精神。要了解更多信息，请今天与我们联系。

后来的广告：我们正在为全职外部销售岗位寻找几位强有力的个人，加入我们快节奏的环境。本岗位赋予你把握自己命运的能力，工作富于变化，而且根据你的业绩予以奖励。要了解更多信息，请今天与我们联系。

请注意这两份广告的主要区别，第一份描写的是要招聘的人，而第二份描写的是对所招聘岗位的要求。

第三步：简历筛选

在筛选应聘者根据广告要求而写的简历时，你要在每个应聘者的简历中寻找能够表明此人在目标环境中有效履行职责的行为证据。例如，如果该岗位的工作环境需要注重过程而不是目的，那么你就在简历中寻找耐心、长远考虑与克服困难能力的证据。

相比之下，如果该岗位的工作环境需要在时间管理方面具有极高的灵活性，那么你就寻找能够证明应聘者在经历了突变的岗位上获得成功的证据。这一步的结果是，你会筛选到一批成功可能性很高的简历。

图 4.2 是一份简历。这份简历用以说明确定符合前面定义的工作要求选项的要素。显然，这份简历将顺利通关。

玛丽・J・多伊

康涅狄格州阿尼斯顿市 50 大街

MaryDoe@aol.com

外部销售主管/客户经理

快速业务拓展・市场机遇分析

精力充沛，拥有超额销售、利润和市场份额增长优异记录的客户导向型专业人员，拥有激励销售团队和管理团队度过快速增长和变革时期的不俗记录的杰出主管。具有业已证实的迅速将新产品和服务投放市场、建立强大市场地位的能力。

职业生涯亮点

业务拓展：拥有通过确定客户需求和定制“同类最佳”解决方案以增加收益和利润的绝佳记录。具有较强的以最大利润定位产品和确认最赚钱市场与行业的能力。

复杂销售环境：具有业已证实的发现获利机会、开发准确预测和帮助买家了解强有力的伙伴关系价值的能力。在竞争最激烈的美国和欧洲市场上向享有盛誉的公司销售的丰富经历。

销售奖项：总裁俱乐部奖（银奖，2003 年），总裁俱乐部奖（铜奖，2004 年），总裁俱乐部奖（银奖，2005—2006 年），全国销售人员奖（2008 年）。

工作经验

ACME 全球系统　　2008 年至今

外部销售主管

通过运用无约访问、连环式销售及其他发掘潜在客户的技术以刺激增加收益的方式，创造了破纪录的新商业机会。亲自领导了为打造知名度和迅速提高收益的高知名度活动，并提供了持续性管理。

图 4.2　简历示例（部分）

- 通过获得 22 个新客户，使收益在 9 个月内增加 3 倍，超出了销售目标的 73%。
- 使客户群体增长了 31%，并且成功地通过多个分销渠道推出了 12 个新产品系列。
- 通过在产品推销区内制定导向型商业计划并且锲而不舍地追踪所有发掘客户的机会，使客户群体在两年内扩大了 40%。
- 2008 年，使美国东北部区域的收益比 2007 年增长了 80%，并且赢得了超过 25 个《财富》1 000 强中的新客户。
- 月销售额一直名列第一，连续 8 年位居全美国排名的前 10 名。

图 4.2　简历示例（部分）（续）

总体来说，一份简历上需要包含的主要内容是：

- 岗位工作年限。
- 从岗数量及在每个岗位的工作时间。
- 可证明业绩的数据（如使产品推销区内第一年的销售量增长了 20%）。

你要从类似于这样的简历中选出应聘者名单。

第四步：电话面试

这一步很重要，因为电话面试可以使招聘者避免因第一印象偏见而造成招聘到不合适的员工的结果。在电话面试中，你要进一步寻找能够表明有利于目标环境销售行为的证据。同时，你要深入调查 1～2 个方面，以确保该应聘者简历的真实性。

初次面试一般是一个简短的电话，甄别应聘者并判定他们是否可以进入下一个环节。初次电话一般提问下列问题：

- 跟我说一说你找工作的事情?
- 让我知道你在找什么工作?
- 说一说什么让你对我们的就业机会感兴趣?
- 你觉得理想的销售工作是什么样的?
- 你的前任销售经理会对你的销售能力给予什么样的评价?业务拓展方面呢?提升现有客户业务方面呢?
- 要使销售效率达到最高,你最需要什么样的销售支持?你从事过最糟糕的销售工作是什么?
- 客户对你意味着什么?
- 为销售服务对你意味着什么?
- 你为什么想到本公司工作?

在这一步,你要寻找能够表明应聘者具备工作要求选项中所确定的能力与性格的证据。经过简短筛选后,最终得到的是需要认真考虑的应聘者名单。

第五步:对应聘者进行行为评估

在这一步,你要运用一个具有科学依据的工具作为测评工具,以便不带任何偏见地确定这位应聘者的主要性格与岗位、环境的匹配度。

在这个过程中,你要考虑包括简历、推荐信、专业知识和行为评估在内的所有主要因素的数据。这样做可以使你筛选掉那些显然不适合此岗位的应聘者,而把那些与该岗位寻找的性格类型最匹配的应聘者优先列出。

为了举例说明，我们再次回到第一步中所描述的外部销售岗位。在PI系统里，这个职位的应聘者做了一个行为评估，对每个人的内在动力和激励因素进行测评。在 PI 系统里，每个人的得分构成一个行为模式图，如图 4.3、图 4.4、图 4.5、图 4.6 所示。这个模式图便于公司对这个岗位的工作要求选项和应聘者的预测指数进行比较。

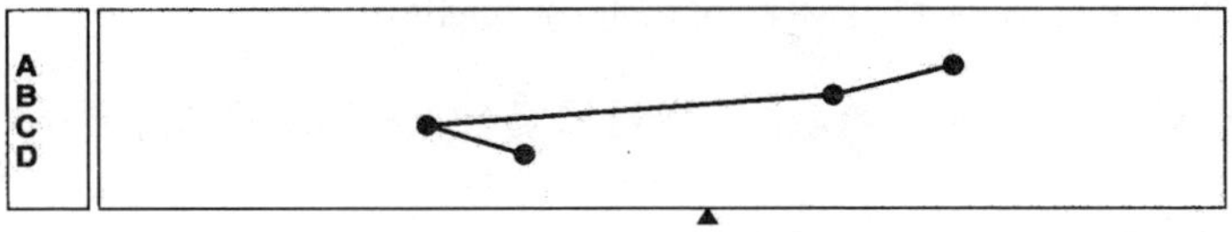

图 4.3　工作要求选项

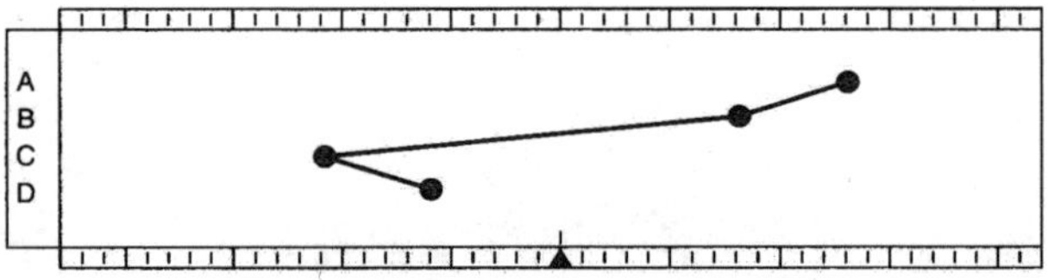

图 4.4　应聘者 A

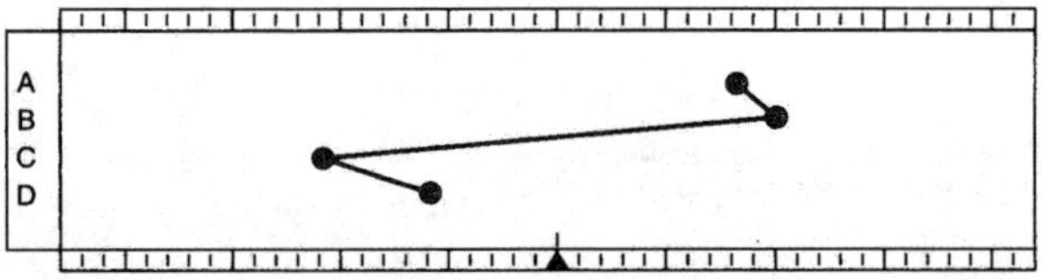

图 4.5　应聘者 B

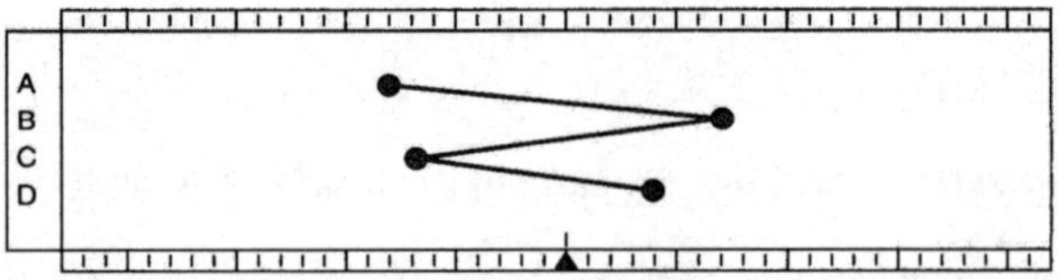

图 4.6　应聘者 C

应聘者 A 呈现的是在 PI 系统中所称的“权威式管理模式”（Authoritative Management Pattern）。正如你可以直观看到的一样，这个职位的行为要求与这个人的行为完全匹配。

应聘者 B 呈现出的是“劝导式销售模式”（Persuasive Sales Pattern）。图 4.5 显示出，两者相当匹配，但有几个不同之处需要在面试过程中进行调查，以确保这个匹配具有长期性。

应聘者 C 呈现出的是“利他式销售模式”（Altruistic Pattern）。这个岗位的需求与这个人的需求相差甚远，不可能匹配。

应聘者 A 和应聘者 B 进入招聘的下一步，而应聘者 C，尽管此人简历写得非常好，而且也通过了电话面试筛选，但还是要被淘汰出局。

第六步：战略性面试

为了从匹配度高的或在可接受范围的应聘者中挑选出最佳人选，你需要亲自面试和提问，以确认应聘者的可聘用性，并了解此人的匹配度或差距。例如，这个人可能是个自我激励型的人，与他人交往快，而且也遵守规则与过程，然而这个工作岗位需要的人要有耐心，但此人却有很强的急迫感。

通过对差距的深入调查，你可以预先知道如何去管理这位销售人员，而不是坐等他们因为感到这个岗位所要求的节奏过慢而离职。让应聘者讲述他们过去的工作经历，可以让你了解要弥补两者之间的差距是否困难。

在实践中，根据第五步提出的 3 种情况，应采用不同的面试程序。

应聘者 A 在行为上非常匹配，因此，你提的问题应该围绕着其他标准，如什么原因促使他们换工作。你要提出类似的问题：

- 说一说促使你换工作的原因是什么？
- 描述一下你希望找到的是什么样的工作环境？
- 如果对这个岗位评估一下，对你最重要的是什么？

应聘者 B 处于可接受的应聘者范围之内，但是你应该充分利用这个面试过程，发掘此人的匹配度与差距。这个人与他人交往快，愿意与社会互动，在处理事物过程中具有灵活性。但是，这个工作需要更多的独立性并且专注于任务。你提出的问题需要弄清楚这个人怎样才能在你的公司事业有成。你提出的问题应包括：

- 你和他人合得来而且交往快。请告诉我，你如何应对需要独立工作的销售角色呢？
- 描述一下你在以前的角色中运用的销售过程？
- 举例说明一个你带头开展某项新工作的情况？

经过一系列这种面试后，你可能发现数个（至少一个）在该岗位上成功性非常大的应聘者。用这种方法招聘的人不成功的概率要远远低于用传统方法招聘的人。

第七步：完善模式

由于随着时间的推移工作岗位会发生变化，工作要求选项也需要定期改变。随着时间的推移，这些测评工具会就一个人在某个具体环境中如何表现形成一个可预测的画面。当一个受过培训的 PI 分析师审核时，这些测评工具可以用来评估并预测一个人与一个岗位的行为要求的匹配度。

案例研究：Rainsoft 公司

Rainsoft 公司是一家总部位于伊利诺伊州的公司。它以前通过一个由世界各地大约 200 名独立经销商构成的网络销售并安装水处理系统。2005 年，这家公司需要就其销售模式做出改变，该变化需要培养整个销售团队不同的技能组合。为了发展业务，Rainsoft 公司同意被一家私募股权公司——Waud 资本合作伙伴公司收购。这个新成立公司的首要之举就是扩大现有的特许经销模式，增加企业的分店，这些分店将由 Rainsoft 公司拥有并管理。

从理论上讲，这一战略变化可以使 Rainsoft 公司打入高潜力市场。而以前公司在这个市场上找不到独立的分销商。在开始着手这一经营模式时，Rainsoft 公司意识到，由于员工流失问题一直困扰着它的独立经销商，所以员工流失是个大问题。

这对公司来说是个大问题，因为新员工上岗耗资巨大。公司要求，所有新员工在开始做经销商之前都必须参加一个由总经理和公司培训人员主持的为期 7 天的产品培训班。令人遗憾的是，这些新接受过培训的员工常常会在 30～60 天内离职，从而造成生产力和利润损失，也挫伤了经销商和公司培训团队的士气。

当 Rainsoft 公司的新任人力资源总监安德烈亚·埃朗得知了商店员工存在留任问题后，她明白，必须有个更好的办法为商店的关键岗位找到合适的人选。安德烈亚听说了行为评估。她为了帮助应对招聘与留任问题，对行为评估的使用情况进行了调查。

为了在 Rainsoft 公司进行行为评估，安德烈亚、她的助手及现场团队成员（招聘人员和培训人员）就实施与解读 PI 调查接受了培训。他们与 PI 咨询师一起为每个经销商岗位的行为要求制定了总体行为特征。

起初，在招聘中使用行为评估的概念并没有引起多大反响。很多招聘经理已经在公司工作了 10 多年，并且一直为连续不断的员工流失大伤脑筋，但他们对行为评估解决员工流失问题的能力表示怀疑。

Rainsoft 公司的高级管理层并没有回应这些质疑，而是决定让行为评估工具用事实说话。在接下来的 6 个月里，所有潜在的新员工都在参加面试之前接受了行为评估。Rainsoft 公司的高级管理层和招聘经理一起讨论行为评估结果，并且给出建议，但最终的聘用决定则由经理做出。

没过多久，情况就变明朗了：与招聘经理的直觉相比，行为评估能够更好地预测销售成功及随之而来的员工低流失率。例如，尽管一个应聘者的行为评估结果与销售岗位并不相配，但 Rainsoft 公司的一个招聘人员想根据此人的工作经历和不俗的面试聘用此人为销售人员。

招聘人员坚信这位应聘者是该岗位的合适人选，并且聘用了他。然而，时间没过多久，这位员工就很明显地感到力不从心，并最终离开了公司。

安德烈亚·埃朗解释说："预测指数（PI）评估的结果显示，这个人非常注重细节，而在这类业务中，这意味着难以达成交易。"

Rainsoft 公司随后改变了招聘政策，招聘团队在没有掌握应聘者的行为评估情况之前不会进行下一步工作。"如果应聘者与工作岗位不太匹配，我们就不聘任此人，因为不值得这么做，" 埃朗说，"我们根据 PI 结果招聘的员工至今仍在我们公司工作，而其他员工在受聘后不久就离开了，很多人都是在30天内离开的。”

案例研究：森迪尔银行

自1895年以来，森迪尔银行（Centier Bank）一直是家族式的金融服务提供商。银行现任总裁迈克·E·施拉格是负责银行日常运作的第四代人。森迪尔银行目前有44家分行，大约700名员工，为22个组织提供服务，资产超过19亿美元。

施拉格想制定出一个战略性过程以吸引最优秀的人才，并打造一种建立在正直、尊重、友谊、关爱和忠诚等价值观上的企业文化。在与一位同事讨论有关人才对客户关系与公司业绩的直接影响时，他得知了PI行为评估工具。

在亲身体验过PI后，施拉格决定把PI运用到所有招聘活动中，包括用工作要求选项来确定岗位的行为要求。人力资源部门为银行内的每个岗位制定了一个工作要求选项的详细要求，并且将每个人的PI结果与工作要求选项进行了比对。同时，所有管理员工的人（管理团队、分行经理和部门经理）都参加了PI管理研讨班，接受了PI信息分析培训。

在施拉格看来，采用科学的招聘方法对森迪尔银行非常重要，因为银行离诸如印第安纳波利斯和芝加哥之类的大城市太近，所以往往很难招聘到高素质的员工。因此，最为重要的是，从招聘一开始就要着眼于招聘高素质员工，并且把这些员工朝着留任时间最长的方向培养。

这家银行的招聘经理和人力资源部门接受了PI有关量身打造面试问题的建议，他们能够判定与银行的工作职位及文化最匹配的应聘者。

1992年，这家银行的员工流失率在17%～20%。如今，森迪尔银行的员工流失率只有10%。这个数字远远低于该地区与该州的平均值。

事实上，森迪尔银行当今工作10年以上的员工要比以往任何时期都多。森迪尔银行连续3年被印第安纳州商会评为“最佳工作单位”，而且排名逐年提升：2007年排名第10，2008年排名第5，而2009年在印第安纳州的大型公司排名中位列第4名。

第 5 章 销售培训的科学

Scientific Selling

“过去的 22 年里，我一直在培训行业工作。2006 年，我参加了销售技能评估测试，得了 62 分。我由此得出的结论是，这个测试非常愚蠢，因为我以为我知道正确答案，而且问题问得也不好。我打电话向南希投诉，她笑了起来，并且根据我的总体技能特征，准确地说出了我是如何销售的。我感到很惊奇：她的描述就像她和我一起亲临销售现场一样。我参加了南希的客户导向型销售（CFS）培训，而我的总收益第一年提高了 20%，我也第一次升至公司销售代表的前 5 名。”

——预测集团合伙人，戴夫 · 奥布莱恩

销售培训是大生意。据ES研究小组（ES Research Group，一家研究销售培训市场的公司）的首席执行官戴夫·斯坦（Dave Stein）称，仅仅在美国，做B2B销售的公司每年花费在销售培训上的资金就在40亿～70亿美元。这笔资金中的大约60%花在了公司内部培训上（产品更新、营销培训等），剩下的40%花在了聘请外部培训人员帮助销售团队进行更有效的销售上。

考虑每年的开支水平，销售培训应该大幅度地提升销售团队的销售能力。令人遗憾的是，情况通常并非如此。斯坦说："九成的公司反映，销售团队在经过培训后最终并没有维持持久的价值。"这个问题并非出在培训本身，而是出在销售经理用来购买销售培训的传统方法上。与招聘销售人才一样，科学的培训方法会产生更好的效果。

销售培训为什么失败

销售培训历史悠久，一波三折。它的种种问题一直波及当今的销售组织。直到20世纪70年代解决方案销售模式出现之前（甚至在此之后），销售经理广泛认为，成功的销售行为可以通过运用程式化行为进行复制。

很多战术性销售培训项目的目的是使销售尽可能地具有可预测性。培训是为了确保销售团队的每个人言行举止，甚至举手投足都一模一样，并且错误地认为客户会对相同的刺激做出相同的反应。

正如我们在有关技能评估的那章中所了解到的一样，程式化销售行为的概念在总体上没有效果。问题出在两个方面：

第一，销售程式本身并非基于研究，而主要是销售人员根据个人行为对什么奏效所做的推测。然而，正如前一章所述，不同性格和不同个性的人适合不同类别的销售岗位，这使得“均码号”的概念成为不可能。

第二，那些在特定的、有效的场景下确实奏效的销售程式（如“不过等一下，还有更多!”）迅速进入了大众文化的词语中。因此，越来越多的潜在客户变得能够辨认标准的销售方法。而更重要的是，他们把这些标准的销售方法视为粗制滥造且缺乏职业道德。

喜剧演员 W. C. 菲尔兹在《不能欺骗老实人》（1939）和《永远别给没主意的人平等机会》（1941）等影片中讽刺了狂欢节上兜售小玩意儿的商贩的小丑角色。尽管菲尔兹在这些影片中的推销说辞对现代观众而言显得过分可笑，但这些推销说辞与严肃的销售培训影片中给出的程式化推销说辞样例几乎如出一辙，例如，早期销售培训师埃尔默·惠勒的“不要卖牛排，要卖牛排的嗞嗞声”和工业电影制作人詹姆·汉迪拍摄的几十个“如何销售汽车”短片。

这些销售程式以潜移默化的方式在创造销售业绩上的连续性失利，对销售文化产生了一种有趣的影响。对普通大众而言（甚至对销售界，程度相对较轻一些），在销售业从业越来越被人们视为一个既没有出息也令人沮丧的职业。亚瑟·米勒荣获 1949 年普利策奖的剧作《推销员之死》将此观点推至巅峰，这部剧作记录了一个家庭不惜以自杀而避免从事销售职业所付出的努力。

大众文化对销售的这一看法，尽管夸张但并非毫无根据。在传统环境中的销售工作令人疲于奔命，因此不可避免地涉及潜在客户的大量拒绝。然而，尽管专业销售人员（尤其是销售经理）普遍非常清楚销售仪式并非经常奏效，但他们显然没有其他选择。因此，销售培训仍然聚集在仪式性的“均码号”行为上。

销售组织没有为了使销售培训更有效而改变其内容，而是通过在培训套餐中增加激励性内容来帮助个人面对潜在客户的拒绝。当然，支撑激励培训的理念是，即使在（尤其在）销售额下滑时也保持良好的精神状态。

由于培训师从一开始就要求专业销售人员坚信仪式行为会把他们带向成功，所以早期培训具有明显的宗教色彩也就不足为奇了。戴尔·卡内基、拿破仑·希尔和诺曼·文森特·皮尔都被蒙上了某种程度的、销售成功不可或缺的宗教狂热。

然而，销售仪式与激励培训的结合，从本质上讲，并非总是文明的或积极的。在 1992 年上映的影片《拜金一族》（根据戴维·马麦特获得 1984 年托尼奖和普利策奖的剧作改编而成）中，一位自命不凡的销售培训师（亚力克·鲍德温饰演）的表演给人留下了深刻的印象，他受雇于高级管理层以激励灰心丧气的销售队伍。在一个被广为引用的演讲中，这位培训师既提供程式化的陈词滥调（一定要成交），也提供了赤裸裸的激励因素（成交者才有咖啡喝）。

虽然电影是虚构的，但它深受专业销售人员的青睐。这是因为很多专业销售人员在实际生活中经历过类似荒谬的培训。确实如此，与哇啦哇啦喊叫的激励相结合的程式化销售培训远未销声匿迹。

恰恰相反。现在仍然可以花钱买到基于埃尔默·惠勒卡通片似的销售技能的研讨会，也可以买到在过去的 70 年中进入商界的所有销售培训狂热一时的版本。激励培训是整个销售培训业中的一大块，顶级演讲者索要的演讲费在 5 到 6 位数。

正当很多销售权威只是简单地重新包装或刷新同样陈旧的培训材料时，其他的人也纷纷拿出自己的点子。这就造成了销售培训业主要由一系列狂热时尚，而不是可测量的改进所主宰。“经常发生的事情是，一位首席销售官在机场拿起一本最新的也是最了不起的商务书，在飞机上阅读此书，并且在彼时彼刻就决定，这本书就是销售团队要取得成功所需的书，”斯坦解释说，“这位首席销售官给这本书的作者打电话，双方谈得很投机。于是这位首席销售官就聘用这本书的作者来对销售人员进行培训。”

接下来发生的事情就全在意料之中了。作者来了，举办了一期研讨会，使每个人士气大增。然后，销售团队出发了并且尝试着使用新学的销售技术，却发现这些销售技术在实际生活中根本不管用。销售人员得到了一本有作者签名的书，以及几个没有被证明有用的点子。“然后，这位首席销售官换另一个作家，再一次如法炮制，”斯坦说，“这是‘昙花一现’的事情，而可怜的销售人员最终觉得，自己的时间被不断地浪费在了毫无意义的培训上。”

销售培训为什么没有得到测量

这并不是说所有的销售培训都一无是处。恰恰相反。据斯坦说，很多销售培训课程在合适环境下含有可能证明有意义的内容。然而，因为这种培训与销售人员个人的需求或销售团队的总体需求不匹配，所以很少被证明有效。因而，某个销售培训项目也许使销售过程的某个方面有所提高，但是，与培训所花的时间与费用相比，微小的提高常常显得微不足道。

例如，假设一个零售业中的销售团队，购买者大多数是专业买家。在这种情况下，一个为软件公司设计的销售解决方案可能令人感到困惑，而不会有用。同样，一家潜在客户开发主体来自网站的公司可能觉得有关无约访问的研讨会只是白费力气。

斯坦认为，因为公司对于自己的客户更喜欢买什么经常毫无头绪，所以需求与培训之间的不匹配比比皆是，令人吃惊。他解释说："多数销售总监自以为了解什么销售方法奏效，但在采访客户时却发现，在管理人员认为什么应该奏效与客户实际上如何购买之间存在着巨大的差异。"

即使公司知道自己的客户如何购买，它也可能最终把钱投资在只是提升优势的培训上，而将扼杀收益的短板置之不理。例如，一家公司正在用一个制胜的电话销售项目开发各种各样的热门客户，但是在开发出这些客户后却难以与他们达成交易。在这种情况下，把培训费花在提升电话销售团队的效率上，就只会增加达不成交易的热门客户的数量。

在很多情形下，由于缺乏科学的测量工具，这些不匹配从来不为人知。因此，人们经常难以辨别某个销售培训方法是否成功。

这并不是说销售培训人员不鼓励使用测量标准。然而，在很多情况下，他们想方设法使用的测量标准是，能够确保在销售额上升时把功劳归于销售培训，而在销售额下滑时把责任归咎于某件事或某个人。

例如，很多销售培训项目把客户满意度高当成对培训课程评估的标准。然而，这些评估所衡量的常常是授课者是否引人入胜，而不是销售培训在团队更高效销售中所起到的实际作用。

测量销售培训的另一种常见方式是，检查销售团队在接受了培训之后，他们的销售收益是否提高。这种测量工具并非不相干。但是，除非将总体经济状况、产品结构变化等因素从整体因素中剥离出来，否则，这些外在因素只会混淆销售培训的真实作用。

当然，将相似市场的相似销售团队（或个人）的业绩进行比较，一个团队接受培训而另一个不接受培训，并由此建立测量模式，从理论上讲，这种测量方法是可行的。可是，在实践中，人们很少这么做。这或者因为难以找到易于比较的销售团队，或者因为（来自销售培训人员和来自销售管理人员的）对每个人进行培训的压力。

一些销售培训组织对受训者的遵从性进行检查——核实销售人员是否确实按照训练的方法进行销售。如果培训组织光明正大地进行检查，如果人们有理由相信实施这些行为真的能够提升销售生产力，那么这不见得是个坏主意。

然而，对遵从性进行检查也会为销售培训的失利提供一个现成的替罪羊。迈克·博斯沃斯曾向本书的合著者承认，当销售人员接受过培训而没有采用解决方案销售法时，他习惯于责怪这些人愚蠢、顽固，而不会认为销售人员不采用这些销售技术是因为在实际应用中，这些技术被证明没有效力，因而这种不遵从是销售人员明智地放弃了这些技术。

一个简单的事实是，很多销售培训人员对科学证明有效的测量工具退避三舍，这是因为他们从某种程度上意识到，他们的销售培训方法禁不住精敲细打。这（从想要推销更多销售研讨会与其他项目的销售培训人员的角度来看）使测量工具保持模糊不清更符合其经济利益。

同样，聘用实施这样测量系统的培训人员也经常符合销售经理的利益——这样可以确保聘用这个培训公司的决定在高级管理层面前显得是一个物有所值的投资。这个情况与出现在大型信息技术（IT）项目的情况如出一辙。在这些项目中，信息技术卖家与它们的客户 IT 管理人员为了避免各自的收益损失和丢掉饭碗而串通一气，掩饰项目的失败。

具有讽刺意味的是，如果确实是科学有效的测量工具，这个衡量工具就是规则而不是例外。它可以迅速地使销售经理和高级管理层都清楚，将程式化销售战术与激励因素结合在一起的培训既达不到效果也不合时宜。科学测量工具也会迅速辨别出一些销售培训在其他情形下可能有用，但在目前情形下一无是处。

科学测量工具与传统智慧

对销售培训进行科学测量时经常会出现令人惊讶的新观点。例如，销售培训中的一个主流倾向是将培训资料进行在线展示。持这种观点的人认为，如果专业销售人员能够按照他们自己的节奏并且在方便的时候接受销售培训，那么这些忙碌的专业销售人员才更有可能吸收并融入培训之中。

除此之外，这一理论还认为，因为在线销售培训呈现在与销售人员用于获取娱乐内容同样便利的环境中（如 iPad），所以这种销售培训更有可能被接受。令人遗憾的是，根据大众对当今专业人士工作和学习方式的认识，这个理论似乎言之有理，但它却是一派胡言。

阿伯丁集团（Aberdeen Group）是美国人最看重的高科技研究组织之一。该公司在对 500 多家公司进行调查研究后发表了一项研究结果。这项研究结果列出了下面几条销售组织进行销售培训的理由：

1. 增加收益（70%）。

2. 使销售活动与企业目标相一致（40%）。

3. 创造出更有意义的销售会谈（53%）。

4. 提升在发掘潜在客户、培养客户和达成交易方面的技能（49%）。

这并不奇怪。然而，这项调查还显示，公司想要的培训类型（如第 3 项和第 4 项所示）在课堂环境下教学（而并非在线展示）效果最佳。这项研究表明，在所有利用外部培训解决方案的公司中，与那些不采用授课者指导方法的公司相比，那些偏爱这种授课方式的公司，完成自己年度定额的销售人员的比例平均提高了 14%。

阿伯丁集团认为，授课者指导的销售培训效率更高的主要原因有两个，如图 5.1 所示。第一，尽管大量的销售沟通通过在线媒体（如电子邮件等）得以实现，但是以销售为导向的学习仍然是一个高度个人的和互动的过程。第二，结果证明，一个专家级的沟通者或指导者更有可能为销售代表及其领导者提供洞察力、指导及最佳实践做法的强化剂。

换言之，公司用于在线销售培训的大部分投资不是完全浪费了，就是花得不值。当然，这并不是说所有在线销售培训全都一无是处。但是，当接受科学测量时，就以人为本的销售技能而言，课堂培训在统计学上效果更佳。

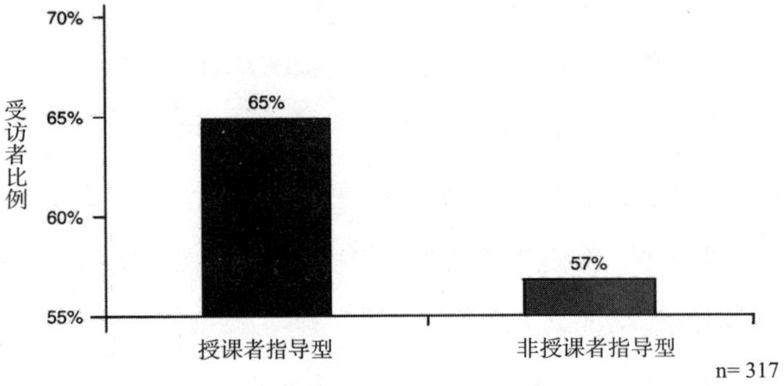

图 5.1　完成定额的销售代表比例

资料来源：阿伯丁集团，2009 年 8 月。

阿伯丁集团的这项研究还揭示出另一个有趣的事实：采用授课者指导的销售培训拥有在实地强化所学方法过程的可能性是不采用这种方法的销售培训的两倍，如图 5.2 所示。

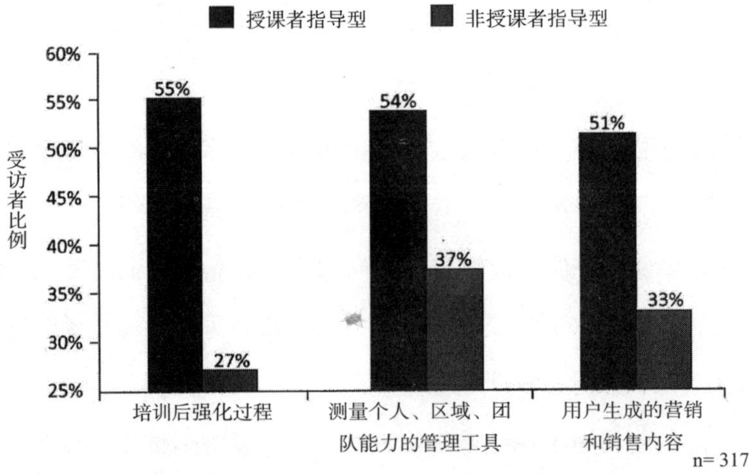

图 5.2　支持与强化销售培训的能力

资料来源：阿伯丁集团，2009 年 8 月。

这些研究结果与人们的直觉相悖，这是因为将培训内容展示在网络上为检查（如销售代表个人是否已经接受了某个特定培训项目）提供了机会。然而，如此机械的测量工具只能反映某个人是否看过这个项目，却反映不出这个项目的内容是否得到了有效运用。

正如我们可以从这项阿伯丁的研究中所知，销售培训的科学测量工具能够产生颠覆传统智慧的结果，而且能够有效地冷却短暂的销售培训狂热。令人遗憾的是，类似于阿伯丁这项调查的研究是通过对多家公司的研究才具有了科学性。这种方法不适合用于测量单个公司内部的销售培训。因此，你需要一个更为精细的测量工具。

将科学应用于销售培训

斯坦认为，理想的做法是，你首先要对自己的客户想如何购买进行研究，并且对现有销售团队应对客户的能力进行评估。你应该在完成了上述工作之后，再实施销售培训项目。他解释说："只有在这个时候，你才能知道，要更有效地销售需要做出什么改变。"

定制化的培训非常重要。这是因为，在一个组织内实施真正的行为变化极具挑战性。斯坦解释说："要确保培训内容有的放矢，不仅需要调查研究和定制化的培训内容，而且需要一个监测、衡量和强化项目。这正是为什么'昙花一现'的销售培训项目通常被证明毫无用处。"虽然某些基本的销售技能（如建立关系、评估需求、提供解决方法等）在几乎所有的销售环境中都很重要，但是，在一个具体的环境中提高销售额则需要将培训准确无误地锁定于这个特定的销售环境中。

销售培训中缺失的一个关键因素是缺乏对参加培训的销售代表所具备的技能进行深刻了解。通常情况下，销售经理所关注的唯一的一个测量工具是实际销售业绩。尽管这些销售额显然非常重要，但令人遗憾的是，它们无法透视销售人员需要或不需要什么培训。科学的培训方法添加了对销售过程的测量，并研究了销售技能与实际销售业绩之间的关系。

理想的做法是，销售培训应该得到多种层次的测量，每个层次的测量从不同方面瞄准培训的作用，如表 5.1 所示。

表 5.1　测量培训的目标层次

目标层次	目标焦点
层次 1 反应和满意度	明确在为参加者进行培训和指导时要达到的具体的满意度和反应水平
层次 2 学习	明确培训和指导参加者要开发、掌握的具体的知识和技能
层次 3 应用和实施	明确在进行培训、指导之后将知识与技能应用到工作环境中时必须改变的行为
层次 4 业务影响	明确由于培训、指导的应用而将改变或提升的具体测量标准
层次 5 投资回报率	明确由培训、指导的实施而达到的具体的投资回报率，将成本与收益进行比较

大多数销售培训测量计划没有层次 2 和层次 3 这两个检验层次，因而不完整，并加大了对层次 4 和层次 5 的正确解读的难度。

因此，科学的培训方法在培训开始之前就先对每位销售代表的当前技能进行基准测量评估。例如，在PI国际，我们使用基于网络的SSAT评估以提供基准数据。此基准数据可以使销售管理人员更好地制定战略、规划并实施他们的销售介入行动。销售技能评估工具（SSAT）提供3个层面的数据——销售队伍、小组（由客户界定即地域、头衔等）和个人。这一具体数据给销售管理人员提供了清楚的统计数据图，使他们更好地了解自己的组织、团队与员工的销售技能。

这种评估的净效应是，揭开销售业绩的神秘性，并把它从一个“黑匣子”转变成一个能够改变、调整和提高的东西。这一点很重要，这是因为，缺乏这些测量标准的销售经理常常会对什么在自己的销售组织内正在起作用或将起作用进行最不靠谱的猜测。

衡量与评估是一位销售经理确保其销售培训投资的最佳证据。理想的状况是，这个过程应该展现为具有8个步骤的过程。

步骤1：进行一次技能基准测量。在培训之前对目前的技能进行测评，确定整个团队的长处与短处，并且与组织内的销售岗位要求进行比对。

步骤2：将培训定制化。根据从步骤1中得出的团队测评结果，打造一个定制化的扬长补短的销售培训项目（或多个项目）。

步骤3：将指导定制化。根据从步骤1中得出的个人测评结果，为团队内的参加销售培训的每个人量身定做一个销售指导计划。（我们将在第6章讨论指导工作。）

步骤4：对团队进行培训。为整个团队或多个团队实施定制化的销售培训。

步骤5：实施指导。根据从步骤3中得出的测评结果，强化每个人的培训效果。（我们将在第 6 章讨论指导工作。）

步骤 6：对销售技能进行重新测量。在进行定制化培训 6 ~ 12 个月后，对销售技能进行重新测量以验证什么在起作用，以及还有哪些方面还需要进行培训或指导。

步骤 7：提供额外的培训和指导。

步骤 8：对照测试基准进行重新测量。在基准测量后的 12 ~ 24 个月对销售技能进行重新衡量，并将得出的数据进行比较，以便追踪进展状况。

毫无疑问，所有测量都应该与实际销售业绩挂钩，都应该密切注意认知（技能知识）与结果（知识的运用）之间的关系。

正如你所知，掌握有关销售团队绩效的科学数据，对规划高效的和成本效益高的销售培训介入至关重要。如果销售经理能够看到全体销售代表的统计资料，他们就能更好地、更准确地了解每个人的强项与亟待改善领域。

这一过程经常会出现一定的意外结果。例如，纽约市一家公关公司的首席学习官曾经给 PI 国际打电话，想找一个为期一天的销售培训项目，为该公司在世界各地的前 100 位客户经理进行演示技能培训。

他说，他们的公关行业受到了低迷经济的重创，买家们更精明了。投资回报率显示需要有源源不断的客源，而赢得新客户的能力已经变得极具竞争性。本书作者问了对方一个简单的问题：“你怎么知道他们需要演示技能方面的培训呢？”他回答道：“嗯，那是他们要求的。”

换句话说，这位首席学习官自认为客户经理（无论是作为一个团队还是作为个人）都很有自知之明，都很了解自己的长处与短板。然而，正如我们在第 6 章中将发现的一样：患者不能为自己诊断疾病，销售人员个人的能力也强不到哪里去，他们自己也无法自我诊断销售问题。

在这种情况下，经过进一步讨论，这位首席学习官同意通过对由 100 人组成的核心团队进行销售技能评估（SSAT），来核实需求的合理性。评估结果与他想象的情况相差甚远，如表 5.2 所示。

表 5.2　公关公司客户经理的 SSAT 测评结果　　单位：分

	开场	调查	演示	核实	定位
整个公司	3.0	1.0	4.0	2.0	2.0

评估结果表明，SSAT 测评结果的最高分出现在演示方面，这正是该客户经理团队要求培训的方面。相比之下，两个相关技能的得分都很低——调查方面（提出问题）为 1.0 分，而核实方面（得到肯定的答复）为 2.0 分。这正是这个团队难以提高销售额的真正原因。

两个弱项对他们的强项产生了负面影响。尽管这个团队对于演示很有经验，但是，因为他们缺乏询问的技能且对客户的信息掌握得有限，所以他们的演示针对性不强。此外，由于缺乏有关决策制定、购买标准及如何得到评估的关键信息，所以，尽管他们的演示相当完美，但往往达不到理想效果。

更为重要的是，即使演示进行得很顺利，但是这个团队内的客户经理普遍缺乏询问生意与得到肯定答复这两项技能。

根据这个科学测试，公司的首席学习官提出了一个完全不同的培训需求。他们没有进行针对演示技能进行为期一天的销售培训，而是开展了一个为期两天的培训项目——通过提升相关技能来大幅提高其强势演示技能。当然，这些相关技能的提高是可以衡量的，这就使得管理人员看清楚培训的有效之处在什么地方，并且使他们更有效地进行后续的指导工作。

在经济困难时期，这个遍布世界各地、由100位客户经理组成的团队的整体业绩是：当年为公司增加了18%的业务——这不足为奇。换言之，科学数据为他们提供了大幅提升组织强项的统计数据，并为他们弥补了销售额增长中缺失的内容。

定制性销售培训

前面提到测量与评估的8个步骤中最为关键的一个概念是量身定做销售培训。

一些销售培训公司只提供现成的培训选项。当它们在公共场合进行培训，或者有各种不同的公司参加培训时，情况更是如此。另一些销售培训公司承诺为客户量身定做培训，但实际上提供的却是现成的项目，只是培训项目中带有从培训参加者的客户群中收集的样例客户。

现成销售培训的问题是，这样的项目即使所教授的技能是合适的，也会让参加培训的人员自己承担把教学内容转化为真正有用东西的重担。

定制化销售培训的真正目标是，确保销售代表花在销售培训上的每分钟都有所收获。理想的情况是，你给自己团队的任何销售培训都应该先适应销售人员的世界，再提供可立刻应用于日常行为中的价值与内容，这有 5 个步骤，具体如下。

步骤 1：技能评估

在培训之前，先对所有销售代表进行一个技能评估（SSAT），以检测目前销售代表在 3 个层面的技能水平：（1）整个销售队伍；（2）具体销售小组；（3）每个销售代表。首席销售官或销售总监用销售队伍层面的数据来选择和界定在整个公司教授的一般性销售技能。销售经理使用团体层面的数据来了解这个小组的长处与短处，并为帮助这个小组提升绩效做准备。每个参加培训的人用个人层面的数据了解自己的具体技能，把精力集中在学习对自己最有价值的技能上。

步骤 2：研究性面谈

与 4 ~ 5 位销售代表进行面谈，每位面谈的时间在 20 分钟左右，就有关情况听一听他们的看法。理想的做法是，你选择面谈的人员应该包括业绩最佳者、业绩中等者和业绩欠佳者。这是因为，典型事例调查有助于确定每个业绩水平上销售人员的进展状况。在面谈中，你要询问销售代表一系列问题——他们当下的情况，市场状况，他们认为是什么妨碍了他们取得良好业绩，以及他们希望从销售培训项目中得到什么收获。你可以从这样的谈话中获得富有洞察力的信息，这有助于定制化销售培训。

步骤 3：研究性调查

除了一对一的谈话外，你还可以通过电子邮件调查的方式向参加培训的每个人询问同样的问题，这也很有用。理想的做法是，电子邮件调查要以保密的方式进行。调查数据有益于证实管理人员所做的设想，核实动态，并且确认新的信息。之后，你可以将这个小组数据与个人面谈及技能评估数据结合起来，将公司目前的状况拼接成一个完整的画面。

步骤 4：审核调查结果

在完成前面 3 个步骤后，你要与管理人员一起对得到的数据进行审核，并调整培训项目，使其与收集的信息相符。掌握了这些信息后，销售培训提供者现在就加强了培训项目的针对性和有效性。请注意，在某些情况下，收集的信息可能含有令管理人员感到吃惊的内容，或者冒出销售培训无法解决的问题。例如，面谈过程中可能流露出员工的士气问题或有关薪酬的问题。然而，了解这些问题可以给管理人员提供一个解决问题的机会，而不会削弱培训效果。

步骤 5：建立一个案例场景

让课程设计者对深入了解行业情况的主题事务专家进行访谈，该行业是销售人员的目标客户所在的行业。请这位课程设计者在采访结束之后创建一个与所教授的技能相关的、针对这个行业和针对这些客户的案例场景。场景的每个方面都为参加培训的人员提供一个学习技能、练习技能并且将这些技能应用于实际情况的机会。尽管这个步骤是个可选择的步骤，但经验告诉我们，这个层次更深、范围更广的定制化培训项目能增加学习者的经验，提升其总体销售技能的持久性。

案例研究：克拉克—莫滕森代理公司

克拉克—莫滕森代理公司（Clark-Mortenson Agency）是新英格兰北部最大的私立保险与金融服务机构之一。这家公司提供一系列特色服务，包括员工福利、商业财产、一般性债务、工伤赔偿、工作场所市场项目及债券。

自 1877 年成立以来，这家公司一直为了增加其销售额而致力于打造高知名度与品牌认知度。然而，随着经济压力的增加，这家公司意识到需要最大限度地提升销售团队的效能。

克拉克—莫滕森代理公司的销售团队包括 10 名外部销售人员和 4 名内部销售人员。他们把每次销售都当作公司内部合作努力的结果。这家公司采取全盘考虑的方法满足客户的需求和目标，而不是只着眼于客户的保险或福利需求的一个方面。

为了打造一个成功的长期战略，这家公司一直通过使用数据驱动的评估工具和客户导向型销售培训项目，来打造一个更为自觉的销售团队，以便成功地将销售重点从克拉克—莫滕森代理公司提供的有限产品转移到确定并满足客户的其他需求上。

现在，这家公司将客户导向型销售融入公司上下多个部门的销售培训中，并且发现一个行之有效的方法来提升个人绩效、增加销售团队生产力，打造可预测的、可持续的销售业绩，并且帮助自己的员工实现在公司内部发展。

这家公司现在是著名的公司而且享有盛誉。然而，它在过去并不了解要在市场上继续发展所需的新业务销售状况。公司已经开创了若干个新服务项目，包括合规服务与人力资源帮助，为顶级客户提供在线资源和系列研讨会等。即使在拥有了这些新的客户导向型服务项目后，公司仍然需要找到一个更好的方式占据前位、掌握主动权，提高与潜在客户的业务成交率。

这家公司求助于与个性化销售培训配套、经过科学验证、基于数据的评估工具。每个销售人员首先进行了一个在线评估。在线评估为每个人提供了一个非常具体的总体情况数据，以判定他当下的优势与亟待成长的领域，而存在的问题也在一次培训课程中得以解决。

诸如此类的评估工具可以帮助一个销售团队审视自己，并且向传统思想发起挑战。这家公司发现，评估工具提升了公司接触潜在客户的方法、销售人员与潜在客户的互动方式，以及达成协议、完成交易的方式。

案例研究：扬基蜡烛公司

扬基蜡烛公司（Yankee Candle Company）是美国最大的高端香氛蜡烛生产商。据该公司的培训与发展总监多林·埃克斯福特称，2000 年扬基蜡烛公司的员工达到了 1 500 人，但没有一个正式的培训部门。

当麦克·索恩于 2006 年以批发销售副总裁的身份加入公司时，扬基蜡烛公司才刚刚开始进行一项面向市场的重大改革。“随着我们的经营模式从礼品导向型销售转为向全国各地的零售客户销售，”索恩说，“我们必须从反应式销售转向为对客户提供解决方案支持。”

自 2002 年年初起，埃克斯福特就开始使用预测指数（PI）评估工具，帮助扬基蜡烛公司在招聘过程中确定最佳人选，打造更高效的团队。现在，公司首次开展 B2B 的客户导向型销售服务。

公司 80 人的批发部——不仅是销售人员，还包括商品经营、财务和规划人员，都参加了客户导向型销售培训。PI 和 SSAT 为培训提供了翔实的数据，人们可以通过这两个工具了解销售人员的行为风格，了解根据内外客户的风格与需求调整销售战略。

埃克斯福特解释说："我们以运用这些工具来确定我们的明星销售人员为出发点。我们确定的是那些具备天生销售技能，能够轻松调整行为与客户建立关系、分析并提出调查性问题的销售人才。我们对每个参与者的基本情况进行了基准测量，并且准备在一年后对此再次进行测量。我们确认的明星销售人才将成为未来销售人员的标杆。"

索恩称："我们在客户导向型销售培训项目中使用了实际客户案例研究，通过在课堂上的角色扮演活动，努力寻找解决方案，以满足客户需求。这项课堂活动使销售培训更切实际。我们一边学习，一边解决问题。"

此项活动的设计具有双重效果：第一，培训活动立足于大幅提升个人的天生销售技能，并且为销售经理提供指导技能。第二，这些接受培训的个人反过来可以用新掌握的技能来与自己的客户建立最佳关系。"我们的确看到了这样做的好处，"索恩说，"一个月后，我们的受培训团队与普通员工之间的业绩相比增加了 40%。"

索恩说"扬基蜡烛公司非常支持这个新销售培训项目。培训提供者的方法能够让我们意识到员工思考、学习和表现是多么不同。例如，一位与其经理性格不一样的销售代表可能不好相处。但是，如果这位经理知道此销售代表做决定与接收信息的方式，那么，这就为更好的沟通提供了可能，而沟通的最终结果是实现更佳销售业绩。这种沟通方法可以推广开来，用于与每个客户的沟通。”

在谈及坚持销售培训所带来的好处与成功时，埃克斯福特强调说：“我们的成功靠的是公司高级领导层的鼎力支持。如果你不能首先得到这些人的支持，你就会浪费很多时间、精力与资源。培训的强化工作也是同样的道理。这是成功的关键所在，而且你也需要得到内部拥护者的长期支持。”

第 6 章 销售指导的科学

Scientific Selling

经理必须在自己的员工面前扮演多种角色：指导员、导师，甚至朋友。如果想做高效的经理，你需要进入员工的世界。如果你在“我是谁”的世界里，你就不能真正地了解其他人来自何方。评估工具可以让你更好地了解员工在谈判桌上表现出的个人特质与共同特质。对于那些想要更高效工作的经理来说，这是巨大的优势。

——Predictive Success 总裁，戴维·莱希

正如第 5 章所述，科学销售培训根据针对目标市场所需的技能，使销售团队扬长补短。科学销售指导的目的也是如此，只是它涉及的是个人层面的工作。销售指导工作帮助强化在销售培训项目所教授的更为通用的理念与技能，为最有可能走向销售成功的员工提供一对一的行为强化训练。

评估工具提供了一个已经科学验证的方法，可以更好地将个人与销售岗位和职业道路相匹配，并且运用销售培训和指导来提升整体销售业绩。反过来，这样做也营造了一个员工更为满意的销售环境，从而降低了有价值销售人员的流失率。

科学在销售指导中的作用体现在两个方面。第一，行为评估可以使人们更加清晰地显示出销售经理和销售代表的性格。这使经理可以更好地了解其本人的管理风格，以及销售代表的激励需求。第二，技能评估可以帮助人们准确地了解自己的哪些技能有待提升，以及如何为了提高销售业绩和达到长效期化而对销售代表进行指导。

销售指导与行为评估

任何经理面对的一个严峻挑战是帮助员工提升业绩。因为销售工作本身需要不断地提升，所以指导过程在销售环境中尤其重要。

从理论上讲，销售指导指的是帮助员工学习并整合销售技能，使他们实现更高水平的销售业绩。然而，在实践中，销售指导经常具有随意性，没有效果。这主要是由于销售指导很少经过任何类型的科学测量所造成的。

例如，一些销售经理认为，他们只要对销售代表的业绩进行评估和报告，这就是在提供销售指导，通常以季度或年度总结的形式进行。在这个总结中，销售经理提供一个报告，说明销售代表什么地方做得对，什么地方做得不对。

然而，这种指导不可能改变或强化员工的行为，原因有几点：第一，这些评估定期进行，与销售人员的个人需求没有关系；第二，评估往往着重于过去发生了什么，而不是将来需要改变什么；第三，评估与薪酬、文案工作及官方文件有关，而这些都与日常行为及更好的销售技能开发没有任何关系。

即使了解销售指导不同于员工评估的销售经理也经常对销售指导工作避而远之。例如，一些销售经理觉得自己太忙了，没有时间对员工进行指导。不管怎么说，许多经理人任务繁重——他们不仅需要向高级管理人员汇报、应对问题客户、协调市场营销工作，还要填写累人的员工评估报告，这往往让他们感到力不从心，无力招架。因此，他们把销售指导视为一件“等有时间再说”的事情。

还有一些销售经理是因为不喜欢为员工提供反馈意见而回避指导工作。如果销售代表比销售经理本人的工作经验更为丰富，那么情况更是如此。在很多情况下，销售代表对这种帮助似乎不以为然，而且会将这些指导视为对自己的批评，从而做出消极的反应。

如果销售经理曾经是优秀的销售代表，他可能带着销售代表进行销售访问，然后以展示自己的销售过程的方法，对员工进行指导。如果情况如此，这就是另一个痛处。虽然一些销售代表觉得这种通过观摩来学习的方法有意义，而其他人则觉得这种方法很唐突、令人厌烦。

所有这些问题都是由销售代表激励需求的基本信息缺失而造成的。销售经理根据自己的学习经验，对员工如何学习有自己的看法，而且这些看法带有经理自己的需求与愿望。与此同时，销售代表想要得到高效的指导，也许拥有迥然不同的激励需要与要求。这一点很重要，这是因为，如果经理提供的反馈或指导所触及的激励因素有误，那会使销售人员士气低落、态度消极。

良好指导的基础在于，销售经理了解销售代表的技能长处与短处及激励需求。经理了解销售代表在技能方面真正需要什么，并且了解销售代表可能怎样将技能付诸行动，指导角色才会更好地弥补销售人员在知识与行动之间的差距。

行为评估工具为经理识别并了解销售人员的个人技能与激励需求提供了所需数据。拥有了这些具体数据后，经理指导的效率与效能就会增加。

为了了解行为评估如何改变指导关系的本质，让我们先暂时看一看销售以外的世界，研究一下指导工作是如何在体育界进行的。

与销售指导不同，科学在销售领域中的应用相对较晚，具有数十年历史的体育指导一直具有科学性。职业体育团队与奥运体育团队的优秀教练将物理学、电脑绘图、运动研究学及精确测量法应用于对运动员成绩的研究与测量，之后对他们的训练进行细微的调整，并使这些调整成为竞争优势。

即使如此，体育指导的有效性高度依赖于运动员对自己心理过程的理解。例如，安德鲁・戈德布特（Andrew Godbout）是一位成绩接近于奥运水平的速度滑冰运动员。戈德布特数年之前就开始备战奥运会。他参加过省级的速滑比赛，但是要想参加奥运会比赛，他还有 7 年的差距。随着时间的推移，他与多个教练员及医生一起努力提高自己的身体素质。之后，他具备了使自己成为奥运会参赛选手的身体素质条件。

然而，虽然戈德布特的速滑成绩在全国赛事上还不错，但是仍然达不到参加国际比赛所需的水准。戈德布特说，高水平竞技运动专家称，高水平的比赛 90%拼的是精神，而 10%拼的是身体。“在达到高水平速滑之前，我没有明白这句话的确切含义，”他解释说，“我当时认为这句话言过其实，为的是强调在竞技场上意志坚强的重要性。”

然而，经过了 4 年专业训练后，他开始意识到，竞赛的精神训练远比他最初想象得重要。虽然他接触过很多测量身体训练的科学方法，但现在需要的是一种能够用来衡量自己参赛精神能力的方法。

于是，他四下寻找——他要寻找与身体训练原理相同的方法，将这些方法应用于精神训练之中。他注意到，残酷的商界与竞争激烈的体育环境有着惊人的相似之处。这一观察结果使他对 PI 国际进行调查，并且将 PI 融入了他的精神训练领域。

戈德布特解释说：“我和 Predictive Success 的总裁戴维 · 莱希一起努力，在为奥运会选拔赛做准备的那一年采用了他们的人格评估工具，并且对预测指数（PI）的优点深信不疑。”

PI 方法的优点在于，它为戈德布特提供了一个方法，让他可以更好地了解自己的长处与短处。然后，他与莱希一起努力想方设法扬长补短。毫无疑问，销售培训要达到效果也必须经历类似的过程。

戈德布特对他要在高压情况下（特别是在重大比赛中的关键时刻）

做出的反应方式尤其感兴趣。戈德布特把 PI 作为一个指南，制定出了一个能够运用到比赛中特别是在管理自己的体力运用方面的战略方针。“在长道速滑中过于好胜很可能影响成绩，这就是我想要解决的问题，”戈德布特解释说，“我和莱希一起制定出了一套比赛战略，以帮助我在长道速滑比赛中保持心情平静、头脑冷静，并且精神集中。”

例如，戈德布特对自己的比赛常规做出的一个调整是，克制住自己，不观看自己上场之前的比赛。他在奥运测试赛开始之前进行了一次小侦察，在赛场外找到了一个自己能待的地方——在这个地方，他可以专心训练而不受任何外界干扰。

“在比赛开始之前远离比赛场地，这样做可以控制住我的好胜心，让我把精力放在对自己的动作技能分析上，” 戈德布特解释说，“离赛场太近容易让我分心，对其他人比赛感到兴奋。这容易让我一边观看他们的比赛，一边判断其他选手表现得好不好。”

由于这个简单的行为改变，戈德布特能够在自己比赛前更好地进入特定状态，因此可以使他更专心于自己的比赛，实施自己的计划，而不会为其他选手的比赛而分心。

尽管戈德布特冲击奥运会的尝试没有成功，但比赛的成绩还不错，而且他在速滑生涯中取得的进步，用他自己的话说是“相当显著”。他计划继续练习速滑，并且将在自己以后的体育生涯中继续运用自己制定的战略方针。

戈德布特的经历还触及了销售经理面对的另一个挑战：招聘并留用的员工要具备在具体销售环境中成功销售所需要的基本态度与心理承受力。这个决策制定者的角色与体育教练在打造一个团队时所扮演的角色类似。

在招聘一名选手之前，优秀的体育教练常常会测试与衡量选手成绩的各方面，然后通过进一步测试与衡量将这位选手放在一个他最可能成功的角色位置上。例如，NBA 的教练可能招聘一个在高中打大前锋的人，然后经过对这个人打法的仔细观察，最终得出的结论是，他作为一个小前锋会更成功。

销售指导与技能评估

正如行为评估能够帮助运动员与教练达到一个更有效的常规强化训练一样，它也可以为销售经理和销售代表建立更有效的指导关系奠定基础。通过从像 PI 这样的评估工具中获得的洞察力，这两个个体可以更好地了解对方，并就最有效的指导方式达成一致意见。

销售中所教授的技能与教练教给运动员的技能没有可比之处。然而，正如体育教练运用科学工具来帮助测量和提升运动员的运动成绩一样，销售经理可以运用技能评估工具来测量并提升销售人员的销售业绩。

多数经理认为，优秀的销售人员会在销售评估中得高分，而那些业绩欠佳的销售人员得分则不会太高。然而，数据显示的结果常常恰恰相反。这是因为，虽然销售人员当下的销售业绩确实靠销售额来衡量，但销售额衡量不了销售技能。一个不称职的销售人员完全有可能凭运气，稀里糊涂地做成了生意。拥有正确销售技能的销售人员也有可能没有运用自己的销售技能，而且也没有意识到自己现在的表现与过去不一样了。

衡量销售技能可以使销售经理了解正在发生什么，即销售人员在销售现场的实际表现，然后以不同的方式将这个行为与经营绩效联系起来。完成这一步后会出现 4 个组合，如图 6.1 所示。

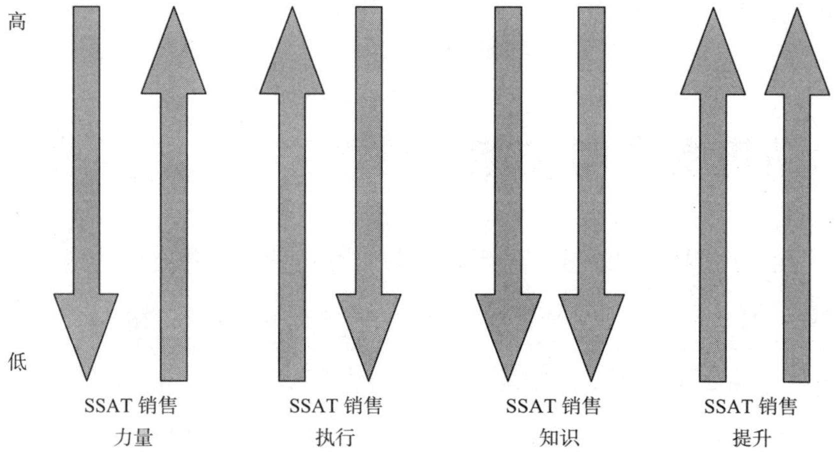

图 6.1　SSAT 诊断工具：销售额关系

这些关系对于了解科学衡量工具与销售培训的调整绝对必不可少，因此我们将对它们进行单独讨论。

力量场景

第一组箭头代表的情况是，SSAT 分数低，但实际销售业绩高。这是优秀销售人员高度依赖一个主要销售技能所产生的普遍现象。例如，某销售代表非常善于达成交易，或者极其善于建立亲和关系。属于此范畴的个人经常是销售业绩不俗的资深销售人员。因为他们对产品了如指掌，所以即使他们的核心销售技能实际上并不非常高，他们也能快速达成大批交易。

在这种场景下，这位销售代表为了弥补其在其他方面的短板，而极其依赖一套技能组合或者“力量”。因此，在一般情况下，此人为了达到业绩水平要付出比普通销售人员多得多的努力。表现不俗的成交者，可能需要一个巨大的销售渠道。这是因为，这位成交者没有与客户建立亲和感，从而在交易初期就失去了很多商机。

在这种情况下，这位销售人员的培训目标是锻炼周围的力量，从而在不更多牵动强势领域力量的前提下增加销售额。顺便说一句，对于天生不愿意“打扰成功者”的销售经理来说，这种场景最让他们感到恐慌。销售经理担心的是，这位优秀销售人员一旦掌握了新销售技能，他反而会弄巧成拙。

然而，事实证明，这种情况很少发生。在多数情况下，这些优秀的销售人员迫不及待地要学习新技能，学习那些有助于他们继续增加销售额，而不用增加销售时间的技能，这是他们努力达到更高销售业绩的唯一途径。

执行场景

第二组箭头代表的情况是，一个销售人员的销售技能评估工具（SSAT）测试成绩非常高，但此人的销售业绩很一般。这通常意味着，这位销售人员有所谓的“知道—行动差距”。这位销售代表知道从技能与判断力的角度该这么做，但并没有正确地运用这些知识。

运用知识能力不足(尽管知道该做什么)也许是因为此人缺乏自信、经验不足、懒惰或习惯不好。在类似情况下，看到SSAT测试成绩并且参加相关销售培训就像给这位销售人员打了一支强心针，它可以使这个人重拾信心，让他意识到自己已经掌握了有关知识，并且要将这些知识运用到实际销售工作中去，或者要更认真地对待自己所掌握的知识。

在这种场景下，看一看这位销售人员的PI行为评估结果以验证他是否真的适合这种销售环境，这样做大有裨益。令人悲哀的是，世界上有很多聪明的人，他们了解销售但缺乏将销售技能付诸行动的韧性。在这种情形下，所涉及的工作岗位与此人可能不相匹配。

知识场景

第三组箭头代表的情况是，销售人员的SSAT成绩和销售业绩都很低。在这种情形下，所涉及的销售代表不具备工作所需的技能而且也(不足为奇地)无法取得良好的销售业绩。

假如PI行为评估成绩显示这位应聘者具有岗位所要求的基本个性特征，那么这种情况让人（销售经理与销售代表）感到尤为困惑。思考这一场景的一个方式是，把这位销售人员想象成一个没有瞄准装置的火箭，他具有岗位所需的动力，但是缺乏恰当的技能来引领能量，因而达不到自己所向往的销售业绩。

令人欣慰的是，这是最容易解决的场景。这是因为，只要通过销售培训将所需知识传递给他，然后继续给予其指导以核实并强化知识的运用，所有问题就可以迎刃而解。

提升场景

第四组箭头代表的情况是，SSAT 成绩和销售业绩都很高。尽管这是件好事情，但是如果想要提升销售业绩，这种情况也是一个独特的挑战。

当优秀的销售代表已经将使他们成功的销售技能用到极致时，这种难题就会出现——他们知道该怎么做，他们的技能运用得很好，而且获得了不俗的业绩。没有任何问题，对不对？

我看未必如此。这一类销售代表面临的挑战有两个。第一个挑战是，他们往往会出现处于停滞不前的状态，他们已经没有多余的时间，因此也不容易提升销售额。第二个挑战既阴险又危险：厌倦。令人遗憾的是，当销售技能成熟而销售业绩不俗时，销售代表会产生一种“桶里捞鱼”的心态，这会使业绩的进一步提升变得更加困难。

只有充分发挥销售代表的才能才会让他们拥有更多的销售时间。当他们的业绩达到了某种水平时，公司就为他们增加一名兼职助手，以此减轻他们的行政管理工作负担。公司也可以给他们提供更多的技术保障，以此来提升他们的工作效率。如此一来，第一种销售业绩停滞不前的问题就可以得到解决。

厌倦则是一个解决起来比较棘手的问题。解决问题的关键在于持续不断地为他们提供培训与指导。这种培训与指导不仅强化他们所知的技能，而且要挑战他们，让他们继续提升自己的技能。这种方法还提供了一个机会：发掘他们的知识并且与团队的其他人分享最佳销售实践。

科学指导的实例

进行 3 个主要测试：销售技能、激励需求和实际销售业绩，以为销售经理提供能更准确指导的数据。

为了说明科学指导的运作方式，图 6.2 显示了来自一家《财富》100 强公司的真实销售代表的数据报告（人名做了修改，但报告是真实的）。

这份报告提供了几条重要的信息。从销售业绩条形图上，我们可以清楚地看到，斯蒂芬的销售业绩一直不错，8 月至 9 月的销售额呈显著的上升趋势。

	总参加人数	开场	调查	演示	核实	定位	总分%
斯蒂芬	1	2.0	2.0	4.0	4.0	4.0	64.0
北美	7	3.3	3.4	4.0	3.6	3.1	69.7
所有参与者总结	26	3.5	2.8	3.7	2.7	3.2	63.8

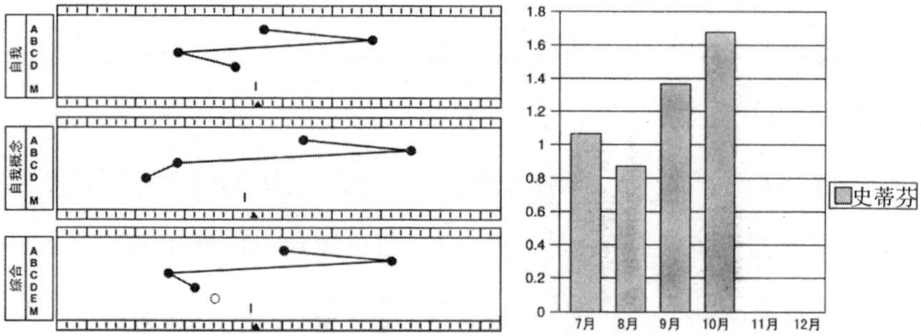

图 6.2　SSAT、PI 与实际销售业绩分析

这份报告上方的表格显示的是斯蒂芬的 SSAT 数据。与他的数据相

对照的是本区域（北美）的 7 位销售代表及所有参加调查的 26 个参与者的数据。斯蒂芬在销售过程的后半部分的技能分值超过了平均数。他在展示产品和服务的价值、达成一致、定位长期客户方面得到了高分。

然而，这份数据还显示，斯蒂芬在销售过程的前半部分的表现略弱。他有机会在两个方面提升自己的技能：（1）开场与建立信任；（2）通过询问战略性问题建立信誉。于是，这份 SSAT 测试结果告诉斯蒂芬和他的经理，要继续保持其显著的销售增长，他在哪个方面的技能需要得到指导。

左侧的 PI 数据显示，斯蒂芬的激励因素来自与他人的互动。他喜欢自己工作中的多样性，愿意努力实现自己的目标，同时也喜欢做团队的一分子。他具备遵循规则与过程的能力，同时也具有灵活机动的能力。

这里显现出的是一个路线图——斯蒂芬需要在哪些方面接受指导，以及经理怎样指导才能达到最佳效果。譬如，掌握了这个数据的销售经理会这样对斯蒂芬说：

“斯蒂芬，你的 SSAT 数据显示出你有机会提升自己的提问技能。提升这项技能之后，你的销售效率会更高，你会大幅提升自己强劲的演示技能和成交技能，做成更多的订单，并且可以增加客户满意度。我们开始吗？”

指导工作要从列举所有激励斯蒂芬的事项开始，这更有可能营造一个他想要尝试新事物的氛围。一旦斯蒂芬开始接受指导，那么经理对将使他继续提升业绩的具体技能进行指导也就水到渠成了。

换句话说，通过分析，你了解要指导什么技能，以及如何利用大幅提升业绩的激励因素，之后通过持续不断的测量，你可以看到指导工作在实际销售业绩中所产生的积极影响。

我们不妨将这种方法与靠直觉而非科学的、更为传统的方法进行对比。在传统下，知道斯蒂芬提问技能薄弱的经理也许要求他每天报到，要求他记住一大批问题，之后每天晚上要求他就这些问题是否起作用进行汇报。这种传统方法对其他人可能奏效，但是，考虑斯蒂芬的 PI 测试结果，他极有可能觉得这种方法令人恼火，反而打击他的积极性。

销售指导的跨文化方面

不同地域有不同文化，也要求用不同方法来激励员工。从这个意义上讲，指导也有其跨文化的一面。

例如，印度拥有一种独特的销售文化。这种销售文化从传统上是基于关系的，因而对销售“艺术”具有深刻的影响。与总部设在美国的普通公司相比，普通的印度公司可能更担心长期客户关系，而且天天都在为此担心。这种敏感性不仅影响技能评估的平均分数，而且还要求指导工作更要以关系为中心。

随着印度商业环境的竞争变得更加激烈，这里的公司为了赢得额外的竞争力而求助于销售培训与销售工具。为了在竞争中处于领先地位，印度的公司想要了解其销售代表个人的销售长处与短处，然后从战略的高度确定如何制定一个定向的最佳培训项目，强化这些强项，改善亟待成长领域，并且为经理提供直接测量投资回报率的能力。

虽然全球其他地方的经济正在不断下滑，而印度的经济却一直都在持续增长。因此，需要接受销售培训的重点行业包括制药、汽车、零售、金融和保险。

印度公司在全球市场上各行各业不断增加的份额正在形成一个巨大的挑战，尤其是因为劳动力的竞争越来越激烈，劳动力大军所需技能与所具备技能的差距越来越大，受过培训的专业销售人员的流失率也居高不下。

零售行业在印度国内生产总值中占10%的份额，而且这个数字预计将以每年25%的速度增长。然而，目前在这个行业工作的是一个庞大却不太合格的劳动力大军。

同样，制药业的人员流失率高达30%～40%，而销售管理人员的流失也不容小觑——高达8%～10%。

为了用具有数据、速度和结果的持续性销售培训投资来满足客户需求、应对当今世界经济环境的挑战，本书的作者注意到销售经理经常询问3个关键问题：

1. 我怎样才能得到能够准确地告诉我我的每位销售代表处于什么状况的具体数据？
2. 我怎样提供能够对业绩增长立竿见影的培训？
3. 我怎样才能更好地管理我的销售团队以提升业绩？

考虑印度基于关系的销售文化，这种把销售管理的着重点转向更为科学的销售模式的变化令人感到惊奇。这是因为他们发现只靠拉关系无法获得成功，恰恰相反，必须对销售人员进行更为科学的测量与指导。

印度对销售领导力的需求与当下人才技能之间存在着20%的差距。由于印度面临着这样的差距，这使得它对高效销售培训（并且具有成本效益）的需求尤其迫切。

一个组织，要将从评估得到的洞察力与价值及销售培训转化为实实在在的销售业绩，销售经理是重中之重。公司很快明白，使销售经理掌握更高效的指导技能是不可或缺的一项。

销售代表从经理那里接受到的强化培训、关系建立及指导也许是一个销售组织吸引并留住优秀人才的头等竞争优势，而这种优势可以直接转化为销售人员的更佳表现与更强劲的销售业绩。

毋庸置疑，这为销售培训创造一个相关的、现代的、基于销售代表现有知识基础和经验的市场。这正是很多印度公司正在求助于类似 PI 和 SSAT 之类的测评工具的原因所在。

印度的销售经理正在迅速地践行这个重要理念——全球环境下的销售生产力需要销售团队首先了解销售组织的个人与集体长处或短处，之后需要按照团队的确切需求为其定制定向培训。

在印度，销售经理正在寻求能够准确地了解其销售代表真实情况的具体数据。“雇其动力，教其技能”这句老话说得非常好，而销售经理需要可靠信息，把每位销售代表在这两方面的真实情况展示给自己。

因此，印度的很多公司正在运用类似 PI 和 SSAT 的评估工具，以便更清晰地了解销售人员的潜在能力、销售行为和销售技能。一旦掌握了确凿的数据及每位销售代表真实情况的基准数据，销售经理就可以选择最有可能取得成功的销售培训项目，然后为员工提供能够带来显著业绩提升的精准指导。

在一个像印度这样的多元化商务环境中（这个国家一个地区与另一个地区的行业、风俗和培训方法各不相同），一个可以活学活用的、基于数据的、可以为销售经理提供定制化数据的评估工具具有明显优势。

印度的公司拥有一些世界上最庞大的销售团队。这些公司正在发现个性化评估和销售培训相结合的巨大价值。这对于寻找并应对团队个人与集体的长处与短处是个完美的组合。

案例研究：第一非营利保险公司

第一非营利保险公司（First Nonprofit Insurance Company）总部位于美国伊利诺伊州芝加哥市，为诸如青年服务、心理健康、教育、宗教和文化团体等非营利机构提供保险服务。这家保险公司在美国的 10 个州有业务，有过一个雄心勃勃的发展规划。但是，随着公司的不断发展，它的员工的流失率也在上升。

当员工流失率接近 30%时，公司的首席执行官菲尔·瓦特意识到问题的严重性。他知道，问题的根源在于，公司把员工放在了与他们的自然行为风格不匹配的工作岗位上。与此同时，公司的人力资源总监莉娜·苏伊佐认为，员工的高流失率造成了员工士气低落和客户服务欠佳。

瓦特听说了 PI 行为评估工具，为它的准确性所打动。瓦特把自己的评估成绩告诉了莉娜并和她分享。他们判定，PI 可以帮助他们招聘到与公司文化相吻合的员工，也可以帮助他们把员工放在与他们的天然工作风格相一致的工作岗位上。从此，他们就全身心地投入运用 PI 来培训所有经理经理的工作中。

在经过培训之后不久，他们清楚地意识到，行为评估也是一个不错的工具：经理可以通过这个工具了解自己行为内在动力与激励因素，以及自己的沟通风格对其他员工的影响方式。因此，瓦特决定扩展项目的应用范围，让所有员工都参加行为评估。他们想借此营造出这样一种文化：在行为与岗位匹配方面公司要做到上下一致。现在，公司的政策规定，所有员工都要接受PI的行为测试。

行为评估还为这家公司解决销售与营销团队之间连年不断的纷争问题提供了重要帮助。销售部门的员工是一群性格非常外向的员工，他们做事速战速决，但对细节不太关注。相比之下，营销团队虽然具有同样强烈的紧迫感，但重要的一点是，这个团队需要等待信息与细节完善之后，才会放心地将材料发放给销售人员。莉娜说："行为评估使人们能够客观地了解个人与部门的行为风格，也使人们再次欣赏到他们为此付出的努力。"

自此，员工士气大增。最近一次的员工调查显示，员工的满意度已经显著提高——从9分和10分的历史高位骤降至让人难忘的1分和2分（1分为最高分，10分为最低分）。同样，2002年员工请病假的平均天数为6.5天。如今，这个数字为3.77天，降低了40%以上。同时，员工的平均流失率从30%左右的高位降至6%。

案例研究：律商联讯

律商联讯（LexisNexis）是一家为法律、商务、政府、执法、财会和学术等多个领域的专业人士提供信息解决方案的一流提供商。它在100个国家聘用了大约1.3万名员工，向客户提供有3.2万多个信息来源的50亿份可检索文件。

律商联讯于 1973 年成立，为美国的法律团体提供法律条例和案例意见。然而，由于互联网的出现，自 20 世纪 80 年代中期到 20 世纪 90 年代，法律信息服务业经历了沧桑巨变。律商联讯的管理层意识到，要在本行业继续保持领先地位，它需要拓展向客户提供的服务范围。

获得所需专业人士最快捷的方法是并购其他公司。这一战略含有几种挑战，其中包括：确认要合并的最佳信息与技术资源；打造一个世界级的销售组织以支撑新信息服务；制定程序以便高效地将并购的人员融入已拓展的律商联讯的组织之中。

为了帮助应对这些“人员”挑战，这家公司的行政管理人员决定，运用行为评估来帮助组织确认在并购过程中能够与律商联讯的文化最匹配并能够帮助打造、培训和指导一个强有力的销售团队的员工。

随后，律商联讯并购了数家电子信息与技术公司，包括马修 · 班德公司（Matthew Bender）和马丁代尔 · 赫贝尔公司（Martindale-Hubbell）。作为合并过程的一部分，行为评估被用来对每家公司的组织文化进行基准数据测量，以判定与律商联讯的文化的匹配度。此外，行为评估还被用来将员工安置在与工作自然匹配的岗位上。这一举措可以使律商联讯公司将所有成员组织更好地融合在一起，并且对长期的员工留任未雨绸缪。

由于对马修 · 班德公司的成功并购，汤姆 · 罗科升任美国西部的销售副总裁。加入律商联讯后不久，罗科发现了与销售团队有关的两个问题：公司没有清楚的聘用要求，高流失率正在对生产力产生显著影响。

罗科清楚，随着业务的持续发展和产品供应的增长，销售团队的预期销售技能也需要做出相应的改变。律商联讯公司不再销售研究产品，而是销售整体解决方案。这将不可避免地使销售周期更长、更复杂。这一改变需要不同于现有交易方法的客户管理方法。

要应对这些挑战，罗科需要找到一个方法来确定成功销售所需的工作行为，然后将这些行为特征与销售团队的个人长项进行匹配。罗科将销售人员的 PI 成绩与为销售岗位所建议的工作要求选项进行了比对。比对的结果显示，优秀销售人员与所推荐的简述非常匹配，而业绩欠佳的销售人员的成绩与所建议的工作要求选项严重不符。

罗科把这个发现用作招聘销售人员的基础。“人们很容易喜欢上一个能言善辩业绩记录不俗的应聘者，”他解释说，“根据我们的经验判断，如果他们的自然长项与工作一致，他们就可以长期从事这项工作并获得成功。”

例如，罗科有一位销售业绩突出的销售代表。这位销售代表想在组织内得到提拔。根据公司已确立的成长途径，这个人会在下一步担任管理角色。后来他得到了晋升，却弄不清楚自己在新岗位上为什么非常不开心。

通过行为评估提供的信息，罗科能够使这位经理从行为的角度弄清楚，他为什么在经理角色中不开心，而作为销售代表却游刃有余。罗科说：“行为评估在解释员工与其工作的行为匹配与差距时不掺杂任何情感成分。而在这个案例中，能够解释这个人为什么履行不了经理的职责。”因此，这个人又被调回了销售代表岗位。而在销售代表的岗位上，他获得了更大的发展。

后来，罗科又把行为评估的运用拓展到招聘与工作匹配之外的指导领域。罗科把直接下属的 PI 成绩放在自己的手边，帮助自己进行销售团队的日常沟通和管理工作。行为评估提供的信息可以使罗科和他的经理们对自己的直接下属在更佳沟通方面进行指导。

此举的目的在于使员工弄清楚自己的具体沟通风格，以及这一风格对他们与之互动的人员的影响——其他员工、潜在客户、客户。例如，罗科有一位不错的员工。这位员工具有强烈的急迫感，但缺乏细心。这两个特点使其他员工觉得她与人不友善，近乎充满敌意。

罗科运用从行为评估中得到的数据使这位员工意识到她的交流风格，以及这种交流风格对其他员工产生的负面影响。这使得她能够调整其人际交流方式，以满足交流方的需求。罗科说："在这种情形下，它可以让我不把这位员工的行动定位为好或者坏，而更多地定位为'情况就是如此'，这提供了一个全景，为有效的行为改变奠定了基础。"

据罗科称，行为评估工具使律商联讯公司在人员招聘和工作匹配，以及增强沟通和提升士气方面都取得了显著变化。"当它慢慢根植于公司文化之中时，它变得极其有效，"他解释说，"与 7 年前相比，我们的员工流失率降低了 50%，并且一直保持在低于行业平均值的水平上。团队的沟通更加高效，整个组织上下的士气也因此而更加高涨。"

第 7 章

销售管理的科学

Scientific Selling

与每位应聘者一样，公司里的每个人都参加 PI 测试。我们用它来了解员工的相互交流方式，以及他们最适合在什么岗位工作。这样我们就不会强行把方钉子钉进圆孔里。我们还根据 PI 测试结果制定了一个管理开发项目和一个指导项目，其目的是帮助经理们成为更好的领导者。

——乐福明公司总裁兼首席执行官，雷·莱瑟斯在前面几章中，我们讨论了科学改变销售经理招聘、培训和指导专业销售人员的方式。

我们在第4章了解到，销售团队内部的人员高效，整个团队才会高效；销售经理需要的是能够在组织文化中工作并且能够满足工作要求的人。我们了解到，销售经理要想做到这一点，单凭为岗位描述制定一系列要求，然后进行多次面试是无法实现的。我们还了解到，采取更为科学的方法——行为评估，可以更容易招聘到行为—工作匹配度高的合适人选。

我们在第5章了解到，销售培训为什么经常会无果而终。我们了解到，销售培训经常为错误的缘由和解决错误的问题而花冤枉钱。我们还了解到，有一种更有效的、更科学的方式帮助销售团队走出困境。这个方式运用行为评估和技能评估相结合的方法来衡量销售组织，并且为客户量身定做销售培训项目。

我们在第6章中了解到，销售指导为什么必须建立在销售培训的基础之上，行为评估和技能评估为什么能够帮助销售经理更好地了解并激励员工，并且运用这些知识来精心实施销售培训以满足销售人员的需求。

然而，虽然通过科学的招聘、培训和指导打造一个高效的销售团队非常重要，这一点毋庸置疑，但是这只是销售管理人员面对挑战的一部分。销售经理面对其他同样艰巨的挑战，而这会决定团队的整体效能与利润率。本章要讨论的是，一个科学的方法为什么能够帮助销售经理高效地处理这些至关重要的问题。

降低销售人员流失率

员工离开公司时会造成经济损失。虽然员工流失使招聘、薪酬和培训方面的硬费用损失巨大，但它造成的士气低落、影响力与机会成本等软费用上的损失更大。事实上，一些专家估计，一个员工流失的损失超过了这个离职者的年薪。而这个数额指的是员工离职不会造成潜在付费客户流失的情况。

员工流失是销售组织面临的一大难题。这是因为，在经济困难时期，出类拔萃的员工比以往更重要、更抢手。除此之外，优秀的专业销售人员对自己的领导者期望更高，也期望领导者有更高的满意度。多数组织感觉没有足够的应聘者来担任关键的工作。这个问题在现在及将来都可能变得越来越严重。员工留任的问题比员工招聘更重要。

在员工流失问题上，经济困难时期尤具挑战性。由于潜在客户缩减开支，销售机会也变得更少了。在因客户日渐减少而造成的业务竞争日益加剧的情况下，收益更难赚取，这也使得销售人员更难以继续专心于自己的工作。优秀销售人员可能在销售工作不太稀缺的公司或行业找工作，这使得公司难以留住这些人才。

反过来说，良好的经济态势也会导致员工流失。在这种情况下，员工变得不太关心工作保障问题，而更关心自己的职业发展，即使这意味着另谋高就也在所不辞。确实，正如德勤会计师事务所最近进行的一次调查所显示，随着经济形势的好转，多达 1/3 的美国员工计划跳槽。

据 ES 研究小组（一家测量并分析销售培训的公司）的首席执行官戴夫 · 斯坦说，不管经济形势如何，专业销售人员都极有可能跳槽。“10 年前，如果一位销售员在几家公司的工作时间不足 3 年或 4 年，人们会认为此销售员不可靠，”他解释说，“如今，尤其是在快速发展的市场，人们期望销售人员有在多家公司、向多种行业销售的工作经验。”

根据民意调查公司（Opinion Research Corporation）最近进行的一项调查，更为糟糕的是，最有可能跳槽的是年纪较小、具有成为未来领军人物的员工。所谓“婴儿潮时代出生的人”（45 ~ 65 岁）也许渴望通过在一位老板手下工作数年后得到晋升从而实现升迁的目的，而 X 代人（30 ~ 45 岁）和 Y 代人（18 ~ 29 岁）希望更为频繁地换老板。

员工流失率更高对销售经理来说是坏消息。专家们相信，替换一个员工的总费用大约是那位员工年薪的 1.5 倍。然而，因为专业销售人员的跳槽可能意味着关键客户的流失，从而造成数百万美元的收益损失，所以他们离职的费用要远远高于这个数字。

具有讽刺意味的是，常常是公司在经济低迷时期实施的应对机制造成了销售人员在经济一旦好转时的跳槽。

例如，如果公司更关注资金流动问题，销售团队的差旅预算就会紧张，业务津贴和佣金的支付就更慢，而且用于销售培训的支出就会减少。尽管这些举措可能是必需的，但它们往往会疏远专业销售人员，让销售人员感觉公司并不真正支持他们的辛勤付出。此外，公司失去了充分武装这些销售代表的机会，使他们无法在竞争更为激烈的环境中销售。

由于这个，专业销售人员经常从经济衰退时期开始对自己的公司及其管理层感到不满。德勤会计师事务所的调查显示，计划离开自己目前工作的人中有将近一半的人称，对自己的经理或老板失去信任是他们打算寻找新工作的首要原因。

这在董事会的会议室里根本不是秘密。还是根据德勤会计师事务所的调查，《财富》1 000 位高级管理人员中足有 2/3 的人明白，对管理层的信任与信心缺乏会造成职业流动的增加。

随着经济形势的持续动荡，销售经理必须找到新的方式来重新赢得优秀销售人员的信任。毫无疑问，销售经理需要快速行动，排除正在加重销售团队负担的组织障碍与开支限制。

合适的人做合适的工作

要保持住重要销售人员的忠诚，单靠弥合伤口还不够。要实现低的员工流失率，销售经理必须把他们派到与他们的性格和技能组合相匹配的工作岗位上。这是因为，如此一来这些人对工作的满意度就会增加，也就不太可能离职。

过去，“万金油”式的专业销售人员并不罕见——他们负责从无约访问到敲定最后合同的方方面面。唯一的劳动分工概念是销售初期的猎人（发展新客户的人）与农夫（维护长期客户关系的人）两者之间的区别。

然而，这种过分简单化的销售行为模式已经在近些年来变得越来越过时。当今销售与营销组织的运作是高度专业化的，包含了从潜在客户培养、机会开发、客式营销（inbound marketing）、现场销售、销售支持等各种专门的角色。

尽管这些都是销售与营销职位，它们同样需要具有不同的技能组合和不同的人格特征的人来担任。例如，如果让一位在面对面销售中获得成功的专业销售人员去处理网站的来电询问，那么这个人会觉得身心俱疲。同样，一位喜欢无约访问的专业销售人员可能觉得担任销售技术工作（如开展潜在客户培养活动）没有挑战性、没有意思。即使在销售代表必须做所有工作的情形下，人格评估测试可以确认适合这份工作的最佳人选。

将一位专业销售人员派到他不适合的工作岗位上，几乎可以肯定最终会造成这个人员的损失。

销售经理每次尝试将“方钉子钉进圆孔里”，都会造成员工对工作不满意。对于专业销售人员来讲，尽快从其他某个地方找一份工作就在情理之中了。令人遗憾的是，就连专业销售人员也无法事先知道，某个具体的销售工作是不是适合自己。

科学家早就知道，一个人具有可衡量的特点。这些特点可以决定他们的激励因素是什么。而这个激励因素为其销售技能的实施奠定了基础。通过运用行为工作分析工具，销售经理可以为每份工作制定一个理想的总体特征，之后将团队中员工的特点与总体目标特征进行匹配。

上升职业道路的重要性

把员工安置在合适的工作岗位还不够。他们还想知道，从长远来看，这个职业道路会通向哪里。遗憾的是，很多公司认为，对于专业销售人员来说，唯一的一条上升的职业道路是走上销售管理层。

然而，这一职业道路并不适合所有专业销售人员，而且会导致工作不满意和高员工流失率。专业销售人员往往会具有一种明显的创业者行为特征，这可能使他们不适合走上管理的职业道路。

PI 欧洲的保罗·欧利里和安永公司最近主持的一项研究表明，创业者往往果敢坚定、自信、具有挑战性、勇于冒险、独立、竞争意识强，他们也会耐心不足，而且还会急躁不安、刚愎自用，带着一种强烈的迫切感工作。

这种特征与在一个要求高、竞争极度激烈的市场内对专业销售人员的要求完全匹配。但是，这也是在管理岗位不可能成功的性格类型。

然而，据使用行为调查方式研究员工行为的公司 Predictive Results（PI 国际的一个会员公司）总裁史蒂夫·沃特豪斯解释说："一个了不起的经理必须具有同情心，使自己成功不是一个经理的职责，经理的职责是使自己的员工成功。"

这并不是说，一位创业者不能在更传统的环境下成为高效的经理，而是说，在多数成功创业者的总体行为特征与多数大公司的行政经理之间存在着可量化的差距。

这种差距说明，销售经理需要为销售代表量身定做长期的激励措施，使其适用不同的性格类型。沃特豪斯说："一个了不起的经理能够明白员工的激励因素是什么，并且把每个人当作特别而独特的人来分别对待。"要使每个销售人员个体都处于成长模式之中，这也许意味着将销售代表的等级多划分成几个级别和相关待遇。例如，1～3 年的销售代表从普通的工资标准和最低头衔开始。一旦达到了某个生产水平，他会得到一个兼职的助手来提升他的时间效率。用业绩做标准来增加头衔和提高待遇，销售代表就看到了担任销售经理之外的晋升希望。

销售技术的有效运用

一般来说，销售经理支持能够让他们更好地追踪销售队伍活动的技术。这种技术最初叫作销售自动化，但现在一般被称为客户关系管理或最近加上营销软件后被称为“销售 2.0”。

不管它们的名字叫什么，这些工具的主要目的，从管理的角度来看，是一步一步地衡量诸如客户转化率之类的量。具体地说，这些工具可以使经理把销售过程看成一组分散的里程碑。正如我们将在第 8 章中所讲的一样，这会造成问题。这是因为，基于里程碑的销售过程容易妨碍销售——专业销售人员会把注意力放在他们自己、他们的产品及他们如何才能将这些产品销售出去，而忽视以有助于客户做决定的方式来管理自己的行为。

例如，传统的销售过程认为，客户需要了解产品的有关信息。这种假设让人回忆起互联网之前的时代，彼时，专业销售人员工作的主要价值就是向潜在客户展示他在产品方面的专业知识，以及这些产品是怎样满足客户需求的。

然而，在当今网络化的世界里，就在你从大门走向潜在客户办公室的短短几分钟时间里，这位客户不仅可以找到产品的有关信息，你的竞争对手的产品信息，还可能找到一个详细的价格比较信息。

同样，传统的销售过程认为，销售代表的工作就是向客户销售产品。客户也许需要且愿意为了买到东西而付钱。但是，客户对被动接受销售恨之入骨。卖家驱动的里程碑式销售过程更有可能造就出这一类的专业销售人员：他们把销售视为给客户推销产品的过程，而非将之看作为了客户而销售产品的过程。

销售结构中加入科技成分则强化了人们对销售过程的传统看法。考虑计算机技术最初在销售中的运用被称为销售自动化——一个显然要含有现代甚至完全是机器人化的流水线的可预测性的意味，这种看法也不让人感到意外。

销售自动化的概念，尽管沿用至今，却已经被一个更为柔和的术语所替代：客户关系管理。然而，这个概念在大体上没有什么改变——将工程自动化的原理运用到销售环境中。正如原始销售培训一样，其重点在于通过标准化使销售过程具有可重复性。从理论上讲，销售代表要按照一组标准的行为进行销售过程的每一步。这与工厂的自动化系统监测生产线上的步骤非常相似，客户关系管理、销售自动化系统监测的是销售人员的销售步骤。

从表面上看，从人们对每个销售步骤进行衡量的意义上看，这个步骤显得更具科学性。然而，虽然对一宗销售的几个阶段进行追踪可以让你对销售过程中发生了什么进行测量，但是，它对于如何和为什么出现（或不出现）某种情况既提供不了任何解释，也做不出任何测量。

此外，这个里程碑驱动的销售过程的概念，尤其是当它被销售自动化、客户关系管理强化为教条后，就会助长人们把销售工作当作没有技术含量、简单劳动的看法。事实上，由于人类的本性和做决定的本质，每个销售机会都有其内在的复杂性。“过程驱动销售而技能驱动过程”这句老话点到了事情的本质。尽管通过一系列可以预测的步骤来确定一个销售过程的概念很有用，但是事情并非如此简单。销售过程每个步骤的实施都需要方方面面高超的销售技能。

从根本上讲，一个定义明确的销售过程为销售人员了解销售的每个阶段提供了共同的语言和方式。通过销售过程实现高效销售管理的关键在于，将潜在的销售技能与销售过程相结合。销售经理应该关注销售代表的能力——赢得继续销售的权利、管理销售并且战略性地推进销售。当技能与过程结合在一起时，这位销售代表就具备了走向卓越的条件。

可以想象的是，客户关系管理的失败率高得离谱。据市场研究公司高德纳咨询公司（Gartner Group）的一份广为引用的报告称，客户关系管理软件的使用成功率低至 50%。考虑为了使这些系统运转经常要花费的时间、资金和精力，这是令人郁闷的追踪记录。

幸运的是，技能评估除了为测量销售业绩提供了更为完整和科学的模式之外，还为创建有意义的销售过程提供了更为高效的模式。技能评估将销售过程单纯地追踪发生了什么变成了追踪这些事情怎样及为什么发生。

打造创新性文化与创业精神

销售经理面临的另一个重大挑战是打造一种鼓励创新的组织文化。

与重复性的工厂式销售模式不同，以一种咨询式的、客户导向型的方式销售需要经理制定解决方案、寻找服务客户的新途径、解决不可避免地出现在销售代表公司内部的各种组织问题。

毫无疑问，有关鼓励创新性的内容需要大写特写（即使不写进销售内容里）。令人遗憾的是，有关创新内容的文献和有关销售培训的文献内容同样是轶事驱动的、假科学的。但是，使用行为评估工具，在营造一个更具创新性销售团队的过程中加入科学的严谨性，这是可以做到的。

什么是创造性领导力

美国迈阿密大学的玛丽安娜·梅金瑞和特丽·A·斯坎杜拉教授最近研究了首席执行官领导力对创新的影响，澄清了战略领导力中与高科技领导力、运作领导力和创造性领导力相关的一些新概念。她们的发现包括：

- 拥有执行力和创造性领导力的优秀管理人才在开拓系列创新方面效率更高。
- 运营领导者关注外部环境，而创新性领导者注重发展人力资源（业务上人员的一面），努力为组织营造并保持有利于创新理念的环境。
- 营造培养创新性企业环境的能力至关重要。
- 创造性领导者往往看重从公司内部拓展现有知识储备。他们善于理性地激励创造性员工，信任并支持他们，为他们提供活动空间。他们在增强团体活动与团队工作一致性的同时，提高了个人主动性。

这项研究还发现，营造一个更具创新性的组织文化需要领导者挑战其最根本的设想，3 条基本规则如下。

规则 1：指导其他领导者而不要自己“单打独斗”。经理必须激发员工的想象力，而不要仅依靠自己本人的创造性。他们必须通过正式和非正式的培训，把追求创新渗透到组织使命中。他们必须支持并奖励那些锐意创新的员工。从一个销售管理人员的角度来看，这意味着为销售代表提供指导，而不是替他们做事。这在联合销售访问上的影响在于，亲自主导销售访问还是让销售代表主导销售访问。毫无疑问，后者更注重创新性和创造性。

规则 2：强化自己劝说与影响他人的能力。经理必须通过为了一个共同的愿景而共同努力的方式来施展领导力，而不要通过命令—控制的方法领导他人。他们必须为了在整个组织内建立更多相互信任而放弃一些控制权。此外，他们不应该把自己的逻辑强加于组织的思维过程。相反，他们必须与团队一起发现逻辑，把逻辑建立在团队成员感知之上。销售经理的最佳实践做法是花时间倾听自己的团队成员，运用科学来了解他们的激励因素与需求，并用所有这 3 项最佳实践方法来提升其影响自己团队的能力。

规则 3：运用各种不同的沟通方法。经理不要依靠传统的自上而下的组织传播方式，而必须运用更有可能鼓励创新的不太正式的沟通渠道。这意味着使用博客、网络、即时通信、社交网络等工具。所有这些沟通渠道都被视为可信的渠道，而且比传统的自上而下的沟通更快捷。在一个高科技世界里，平衡高科技与高接触之间的关系很关键，销售经理拥有与销售代表接触的所有方法——电话、电子邮件和社交媒体，但关键在于要与他们进行高效的联系与沟通。

创造性领导力的概念显然取决于要有合适的人选来使之成为组织的一个战略举措。这需要一位愿意营造鼓励创新的思维环境的销售经理。当然，挑战是，在组织内确定这些人并对他们进行培养。这正是科学可以派上用场的地方。

如何实施创造性领导力

众所周知，每个人都具备某种创造性。然而，工作环境不仅会激励创造性行为，也会扼杀这种行为。因此，高级管理层的责任是打造一个鼓励团队工作和面向团队解决问题方法的组织。经理应该得到授权，把员工安置在能够激发创造性的环境中。在这种环境中，他们将能够取得骄人的业绩。

当员工心甘情愿为创造性付出时，他们喜欢创新，这也是众所周知的事实。然而，大多数人不喜欢别人以自己不舒服的方式迫使自己去创新。例如，一个天生沉默寡言的人可能觉得头脑风暴会议是浪费时间、令人恼火。同样，一个业绩导向型的外向型员工可能不愿意参加一个过于情感化的、目的在于鼓励创新性思维的研讨会。

行为评估有助于经理确认具有各种不同创新潜力的员工，并对这些不同的员工实施最有意义的奖励。预测指数（PI）衡量 4 个主要因素：

- 支配力。支配力指的是一个人寻求控制环境的程度。在这方面倾向明显的人性格独立、办事果敢、信心十足。在这方面倾向不明显的人和蔼可亲、团结合作、乐于助人。
- 外向性。外向性指的是一个人寻求社会互动的程度。在这方面倾向明显的人性格外向、具有说服力、善于社交；在这个方面倾向不明显的人严肃、内敛、以任务为导向。
- 耐心。耐心指的是一个人寻求环境一致性与稳定性的程度。在这方面倾向明显的人富有耐心、善始善终、深思熟虑，在这方面倾向不明显的人节奏快、着急、紧张。
- 正式性。正式性指的是一个人寻求遵守正式规则和结构的程度。在这方面倾向明显的人有条不紊、一丝不苟、严于自律；在这方面倾向不明显的人不拘小节、行动随意、无拘无束。

最能折射创造性的 3 种性格类型是具有高支配力，而外向性和正式性不明显。

支配力强的人具有创造性。这是因为，他们把自己做事的方式视为最佳方法。他们看到现实而自问：“我还能想出更好的方法做这件事情吗？”在这些变革的推动者看来，现实世界变成他们所创造的世界时才会更加美好。支配力强的人自信来自其内心深处。他们觉得，外界鲜有力量能够阻碍他们改变世界的努力，他们的选择总是最佳选择。

外向性不明显的人则凸显了创造性的另一面。性格不太外向的人在面对新点子时，他们不会像极其外向的人那样把这些点子抛给其他人，而是在自己的头脑里反复考量——努力找出一个解决方式。不太外向的人是思考者。创造性被称为一项智力运动，因而是一个不太外向的尝试。

正式性不明显提供了第 3 个方面，产生了拥有 3 个特质的人——支配力强、外向性低、正式性低。因为不太正式的人天生渴望破旧立新，所以这正是更具创造性的人格。正式性高的人力求循规蹈矩，而不太正式的人则避开以前尝试过的所有方法。他们要走“以前没有人走过的路”。正式性低还增加了一个倔犟元素。这个元素对创造性也会大有裨益。

虽然这个模式不能囊括一切，但显然了解团队中每个人的 PI 成绩，有助于销售经理在确定创造性过程之前确认具有潜在创造性的员工。换句话说，可以运用行为评估的科学来营造一个激发整体团队创造性的环境。

培养创业精神

创业精神为个人、企业和社团提供了实质性益处。它可以是创造就业、创新、经济流动性、独立意识及个人成就感的动因。在销售组织中，创业精神鼓励销售代表设身处地地为客户寻求解决问题的方法。一个具有创业精神的销售代表把自己当作帮助客户而经营业务的人。

在过去几年里，诸如商务、经济学、社会学和心理学等学科都为我们了解创业精神提供了巨大帮助。因此，我们现在可以将心理学用于观察什么条件可以促使和促进创业精神。更重要的是，我们可以把得出的结论详细地写入销售组织的独特需求中，并为培养具有创业精神的销售经理提供指南。

研究结果显示，那些将创业精神视为职业选择追求这种精神并获得成功的人具有独特的人格特质。新诞生的企业家经常在面对模棱两可、不确定性与风险时感到内心相对平静。他们觉得自己对事情有直接而强有力的影响（自我效能），而且具有很高的工作积极性。

人们对成功企业家的普遍看法是，他们特立独行，专心于自己特有的激情。但是，最近的一项研究发现，与这种普遍看法相反，他们还经常具有高水平的社交能力和社会智力，有能力在社会及人际层面上与他人交往。与 PI 所测量的一样，最近来自爱尔兰的一项研究表明了性格、创业精神之间存在某种清晰的关系。

2009 年 9 月发表的一项对 1998 年以来闯入安永年度企业家奖的 100 位决赛者的研究发现：

- 如同 PI 所测量的一样，爱尔兰最成功的企业家中有 70%的人具有一个共同的核心性格特征。
- 被研究的企业家中有 82%的人果敢坚定、自信、具有挑战性、勇于冒险、独立、竞争意识强。
- 85%的人耐心不足、焦躁不安、刚愎自用，带着强烈的迫切感工作。

这个数据非常清楚地显示出 PI 对企业家总体特征的描述。具有典型创业精神特征描述是：

- 具有前瞻性，办事果敢坚定，对实现自己的目标有一种迫切感。
- 直言不讳、一语中的。
- 敢于挑战这个世界。

- 独立提出自己的见解。这些见解经常具有创新性，如果予以落实，会导致变革。
- 急于得到结果，他们会为了快速落实结果而给自己和他人施压。
- 做日常工作时成绩不好。
- 专注于任务，他们经常留意并且被迫去解决技术问题。
- 有能力克服任何个人和情感问题。
- 有天赋，可以在数据中发现事物的发展趋势或者弄清楚复杂系统的运作方式。
- 独立思考与行动。
- 对采取没有他人帮助的行动感到自信。
- 排除万难，为实现个人目标勇往直前。

来自爱尔兰的这些发现大量采用了 2006 年的一项研究结果。这项研究通过一个成熟和健全的实证指标（PI）对 60 位法国成功企业家的性格特征进行了研究，以衡量和描述性格、内在动力、激励需求及对环境要求的看法。

2006 年的这项研究发现，65%的参与者都有一个共同的性格特征，85%的人对业绩所需的行为要求看法一致。这项发现不仅体现了在创业精神研究方面的重大进展，而且对理论、未来的研究、政策和实践都具有重要影响。

这项研究提供的洞察力为组织开发提供了一个构架。一个组织要想得到具备而且也想具备创业精神的销售经理，可以使用行为评估工具——不仅用来选择团队成员，而且用来主动地培养现有团队成员。

创业绩效（实际上指的是任何既定角色的个人业绩）主要是性格与

技能的作用结果。因为技能可以通过不断的学习、培养和磨炼而获得，但性格是固定而稳定的。所以，在任何角色中，优秀业绩都需要与正确的性格匹配。其关键在于，性格是遗传特征与生活经历共同作用的结果。因此，到一个人的性格形成期结束时，绝大多数人的性格就会固定下来，不再改变。“雇其动力，教其技能”的说法让人们记住了这两者之间的关系。

因为性格是稳定不变的，所以如果一个人对一个既定角色的技能匹配理想，但性格匹配欠佳，那么这个人不可能具有业绩持续优秀的潜质。另外，因为技能是可以学会的，所以如果一个人与一个既定角色的性格匹配理想，但技能匹配欠佳，那么这个人就具有成为业绩优秀者的很多潜质。

除了性格的重要性之外，研究还显示，成功的企业家似乎经常通过不同的角度看待世界及这个世界里的潜在风险。例如，成功的企业家也许具有一种独特的能力，他们能看到其他人看不到的机遇。或者说，他们可以用比他人更为积极、热情、乐观的方法判断缤纷繁乱的商务环境。

心理学也可以为我们揭示很多有关智力在创业成功中所扮演的角色。一些证据证明，由标准化评估工具测出的具有一般智力水平的人会有一些创业能力，而受教育水平较高则预示着较高的创业水平。

然而，另一种类型的智力对一个创业型企业的最终成功更为重要。思辨分析思考、创造性和点子的实际运用三者的某种融合（心理学家经常称为成功智力），也可以预测诸如业务增长率之类的重要业绩。成功智力水平高的企业家有可能更好地驾驭环境——一个充满迫切、不确定、资源不充足和快速变化的环境。

现代组织中的优秀企业家与销售领导者常常具备企业家特质，如创新性、创造性和风险担当。但是，同样重要而且也许更为重要的是，他们在整个企业中建立了支持与培养创业精神的公司文化、销售团队和业务实践。

在诸如金融服务、咨询、生物技术和制药等知识密集型的领域和新兴市场及许多其他领域中，创业心态尤为重要。高效的销售经理不仅会容忍错误，他们实际上也鼓励犯错。他们在保护现有的收益流和推广对未来成功至关重要的概念之间找到了最佳平衡点。

非企业家创造性的重要性

毫无疑问，如果销售角色需要一个创造性的构件才能成功，那么销售经理应该努力去确认并聘用那些天生具有企业家特质（如独立性、自信和坦然面对风险与混乱）的员工，然后以支持这些特质的方式（如摆脱繁重的官僚束缚）对他们进行指导与指导。

然而，值得强调的一点是，一个组织内的所有人员都有为创新做贡献的能力，尽管他们做贡献的方式可能有所不同，而且这些人也需要经理给予不同的支持。例如，一位天生倾向于依靠公认的先例做决定和规避风险的团队成员也可能具有创造性，即使人们不把这种倾向性与创业精神联系起来。

一个优秀的销售经理可以通过具体事情来帮助这位员工，使其更具创新性。他可以清楚地告诉这位员工：留意改进的机会也是工作的一部分；在他尝试新事物时帮助降低风险；鼓励他尝试新事物，并且在他犯错时帮助其化解一些负面影响。这些方法都可以为员工积极创新提供支持。

经验告诉我们，创新性可能来自任何地方，而且并非每个新点子都会一鸣惊人。创新带来的丰厚回报和随之而来的公众关注经常诱使行政管理人员去寻找下一个游戏规则改变者。长此以往，数量巨大的资源会耗费在追求一个可遇而不可求的结果之中。

真正掌握新方法的公司为了创新而寻找很多逐步增加的机会。这些公司不仅在诸如新产品开发之类的传统领域创新，而且在公司上下诸如销售和财务等职能领域，以及诸如采购和招聘之类的过程中寻找机会。

理想的做法是，将行为评估与技能评估相结合，加上以科学为基础的培训与指导，这可以帮助销售经理营造一种合作与沟通的文化。这种文化很重要，因为成功的创新要有立足之地，需要在组织上下的多种联系，而这些联系既有正式的联系也有非正式的联系。

成功的创新团队经常至少有这样一位成员，此人尤其擅长到核心业务的其他部门努力争取团队项目所需的技能和资源，为团队的工作寻求支持。沟通也至关重要：成功的创新团队，一方面需要以员工能够理解、让员工看到其价值并让员工感到自在的方式清楚地向员工解释那些激进的、有冲击力的和技术上复杂的理念，另一方面在这个解释过程中需要培养员工的参与意识和人际交往能力。

用科学管理变革

任何一位经理需要面对的最困难的一项工作就是管理变革，而当这个变革是被强加于这个组织时，经理面对的困难会更大。

如果目前的系列经济危机说明了什么的话，那就是无数公司对经济风暴没有准备。正因为如此，它们才不得不削减开支、减少招聘，而在最糟糕的情况下裁减员工。据华信惠悦咨询公司最近的一项调查显示，美国 1/3 的公司没有现成的劳动力应变计划来应对经济危机；而在制订了劳动力应变计划的公司中，一半以上只是裁员。

在艰难多变的时期，销售经理必须审视自己的员工，防止公司衰退。此外，他们对这一点必须做到心中有数：团队中自己可以依赖哪些人，哪些人会在刚有麻烦苗头时就可能跳下船。令人遗憾的是，由于销售经理没有科学知识与评估工具，所以不得不单凭直觉、内部政策和盲打误撞来做出这些决定。

如果我们能够从经济危机中有所收获的话，那就是，公司必须未雨绸缪，即使在最好的时期也要做最坏的准备。由于事情会发生突然变化，公司的当务之急是备有随时可用、得心应手的核心员工。这样，当经济好转时（经济总会好转），公司就会稳操胜券。

要做到这一点，销售经理必须思考下面 3 个问题（并且得到问题的答案）：

1. 谁更想拥有一份有价值的工作，此人对组织而非对经济收益有什么样的影响？

2. 谁最适合去应对工作环境中的变革，在责任更加重大的角色中获得成功并准备成为公司的一位领导者？
3. 谁在目前的角色中得到了激励，谁在隐藏自己对新挑战和责任的需求？

在判断员工的能力和心态时，经理不应该根据自己的日常观察，单凭直觉做出判断。在经济困难时期，当很多员工因为更担心失业而不愿意说出任何不满时，经理更要避免出现这种情况。

同时，经理要记住一点：即使在失业率居高不下、经济持续低迷的情况下，公司优秀的销售人员也总有选择，他们对离开一家公司而到其他公司另谋高就不感到担心。

那么，销售经理怎样才能吸引并激励自己的员工，确保一个更高水平的员工满意度和员工留任率？答案在于将科学方法持续不断地运用到招聘、工作分派、培训和指导之中。下面有 5 种方法可以做到这一点。

*方法 1：用行为评估来强化经理—员工关系。*对成功企业的研究显示，员工的生活质量主要取决于领导力的作用。因此，经理必须了解激励员工每天来工作并付出 110%的努力的因素是什么，弄清楚自己的沟通风格如何直接影响自己与团队之间的关系，必须清楚任何沟通失误都需要经理来调整自己的管理风格，而不是相反。通过行为评估来确认关键的关系模式，经理与员工可以增加亲和度，最大限度地提高生产力。尤其是当一个公司或团队经历了重建，他们发现自己处于一个新角色或已变化的角色时，情况更是如此。把精力集中在营造成功关系的经理能

够将人员派到最有可能得到激励和最富有成效的岗位上。

方法 2：理解并欣赏摆到桌面上的所有事情。评估是帮助经理了解什么会自然而然地激励员工，以及员工在什么环境中最富有成效的一个公认的方式。事实上，将近 40%的美国大公司在组织内运用这些评估工具。一旦掌握了行为知识，经理可以提供领导力，以确保员工全力以赴且富有成效。如果经理对员工的个人发展感兴趣，那么员工会注意到而且会感激他们给予的引导——把自己放在成功的位置上。

方法 3：在如何激励与奖励团队上要更具创造性。每个人受激励的方式不同，因此必须找到员工的内在动力是什么。通过运用诸如行为评估之类的工具，经理可以知道自己的优秀销售人员是否会对当众表彰、私人祝贺信、额外休息时间或为其家人准备的礼品券等激励方法做出最佳回应。这种区别可以极大地帮助经理确保自己的团队正在得到恰当的激励，并且帮助经理强化员工对公司的承诺。

方法 4：不要对员工的幸福感与满意度进行揣测。在经济困难时期，很多员工不愿意流露自己的不快，这是可以理解的。然而，如果经理掌握了支持其决策的硬数据，他们就会对自己管理员工的方式更加自信。性格评估工具（如 PI），可以为员工的压力水平、工作满意度，以及他们的激励因素是什么，他们如何看待自己在公司内的角色等提供数据支持。这些数据可以造就更高效、更有成效的管理风格。

方法 5：为晋级领导角色提供明确的途径。一个已确立的、融入了性格评估数据的领导力开发项目可以使员工了解自己的沟通风格、承担风险的能力及是否符合组织领导目标。对领导者的职业发展做出投入的公司，会帮助公司打造一支有下一代领军人物、可持续发展的劳动力。

案例研究：加拿大贝尔移动公司

在过去 20 多年里，像电信业这样经历了如此多变革的行业寥寥无几。尤其是无线通信的出现，扰乱了现有的经营模式，产生了许多创新技术并且导致许多大公司的并购。

一个组织运用科学销售方法不仅安然闯过了这些剧变，而且还将这些变革为己所用，这就是加拿大贝尔移动公司（Bell Mobility Canada），加拿大最大的通信公司——加拿大贝尔公司的一个分公司。据公司副总裁迈克尔·威宁称，加拿大贝尔移动公司是加拿大领先的无线设备供应商。

在加入加拿大贝尔移动公司之前，威宁是微软加拿大公司的一位高级销售经理。当时，他正在为提升团队动力、增强沟通能力而寻找方法。威宁首先为他在加拿大的 25 人团队进行了行为评估，然后又为英国的 75 位专业销售人员进行了评估。评估过程为了解个人行为及工作风格提供了宝贵经验，并最终增强了团队动力，提高了绩效，并且成为一项团队建设活动。威宁说：“当时，我想帮助我的经理了解自己的员工，并且开始了解如何打造我们宏伟的发展规划。”他说：“要实现这个目标，员工既需要了解他们本人也需要相互了解，而行为评估工具可以像专家一样，帮助员工认识到自己的长项与短板，使他们能够向自己的经理清楚地说出自己的需求，而且能够为取得成功制订一个现实可行的计划。”

在加入加拿大贝尔移动公司后，威宁把行为评估的潜在用途介绍给了他的由 775 位员工组成的团队。通过创建职位描述和根据评估结果与之匹配，威宁和他的员工能够确定在某个岗位上取得成功所需的行为特征。然后，通过将此与个人的总体特征进行比对，公司能够清楚地判定两者之间的匹配与差距，并做出相应决定。

加拿大贝尔移动公司依靠行为评估工具来帮助经理和员工提高认识，齐心协力为组织内每位员工制定职业路线图。行为评估的结果对所有讨论都至关重要，包括每月一次的单独面谈和年终审核。威宁说，这种方法使讨论更有成效，因为它使“原来可能永远无法实现的谈话变得容易了”。

威宁加入加拿大贝尔移动公司时，只有1%的员工制定了个人发展规划。实施了行为评估之后，这个数字呈指数级增长。所以，今天100%的员工都在追寻着自己的个人发展规划。他说：“PI方法给我们提供了前所未有的洞察力。它帮助我们的员工在加拿大贝尔移动公司的事业取得了成功，是不可或缺的工具。”

在行政管理层上，加拿大贝尔移动公司把PI信息添加到了正式的组织结构图上。现在，行政管理人员的姓名和头衔与他们的行为评估总体特征都被显著标出。威宁解释说，这样做是“为了帮助员工相互了解”。威宁强调说，在管理团队里，PI已经成了一个常用的行话。

加拿大贝尔移动公司另外一个最佳实践做法是，公司致力于进行定向指导与培训工作，以帮助销售代表开发他们要取得成功所需的技能。每年，公司预算的很大一部分都花费在了销售培训项目上。然而，现有项目的令人失望之处是，人们无法将这些培训对个人发展、个人与公司一起成长的能力所产生的影响作用进行评估或衡量。

威宁解释说：“因为销售在加拿大贝尔移动公司的作用是多层次的，

所以我们在销售组织内的行为差异很大。因为拥有如此庞大的员工群体，所以员工要根据业务重点和工作职能进行仔细分工，但我们不能准确无误地确定培训举措和销售额之间的直接关系。”

为了帮助贝尔公司应对这一挑战，以有意义的方式对销售队伍的技能进行衡量，公司采用了销售技能评估工具（SSAT）对个人、团队和组织层次上的销售能力进行了详细、具体和客观的量化。据威宁称，这些重要数据随后被用来推动更具针对性的销售培训项目。“当我们开始设法衡量销售队伍的技能时，我们发现了很多操作起来很复杂的工具，”他说，“与PI一样，销售技能评估工具（SSAT）操作简便，可以让人们深入地了解销售人员的行为对其业绩的影响方式。”

加拿大贝尔移动公司对全体销售人员进行了销售技能评估。评估后，他们为每位员工创建了详细的业绩基准点。这个业绩基准点涉及个人的优势与亟待改善领域。然后，员工们参加了针对其亟待改善领域的培训。虽然每个人SSAT的成绩各不相同，但这些成绩确实表明，销售团队上下都需要在谈判和演示技能上进行更多的培训。威宁解释说：“我们发现评估的结果相当准确、翔实，所得分数与销售代表的市场规模密切相关，而且因区域不同而不同。”

这个能够查出技能水平细微差异的工具对贝尔移动公司后来的培训项目产生了显著影响。“我们了解到，我们不能采取一刀切的方法来提升销售业绩，”威宁说，“根据这份SSAT数据，我们能够将随后的培训进行细化，以确保以正确的方式把正确的培训提供给正确的人。”

技能评估也使一群销售成绩优异的个人脱颖而出。显然，这些个人具有与众不同的长项与短板，需要区别对待。这一发现促成了一个精英项目的设立。其目的是识别并奖励那些实际销售业绩优异并赢得高分的个人精英团体目前由 25 位销售人员组成。他们享有单独预算，用于他们认为适合自己发展的培训项目。

6 个月后，销售代表再次进行测试，以衡量正在进行的销售培训的效果。威宁说，总体成绩提高了 6%，而这也表现为显著的经营业绩。这家公司在 2010 年出现了强劲增长，并且一直持续到整个 2011 年。威宁说："销售技能评估（SSAT）对这一成功功不可没，它已经成为我们文化变革的一部分。"

事实上，威宁预测，公司正在进行的培训举措成本节约效果显著。"就培训项目而言，我们过去总是在选择项目方面接受指导，但这些建议不以有形的东西为基础，"威宁继续说，"我们过去的培训支离破碎，并且以产品为中心，没有现成的测量标准来判定培训是否带来了价值。"

一个科学的销售方法使得加拿大贝尔移动公司获得重要数据。这些数据有助于对培训项目进行更好规划并做出明智的投资决定。据威宁称，这个经历对销售人员也大有裨益，使他们大受激发，威宁说："它为我们的销售团队提供了巨大动力，它使销售人员更渴望提高销售技能，而且现在有了一个衡量销售技能提升的量化标准。"

案例研究：梅多布鲁克高尔夫俱乐部

高尔夫风险西部（Golf Ventures West）是梅多布鲁克高尔夫俱乐部（Meadowbrook Golf）的一个分公司。公司为高尔夫球场、城市、市民、校区提供草坪养护服务。公司提供的产品包括从价值 200 美元的电动割草机到高端的价值 7 万美元的剪草机。它还销售草皮、化学药品、肥料、草籽和草坪装饰物。据公司总裁迈克·伊斯特伍德称，公司最大的挑战是找到合适的员工。我们做的是一项关系业务，与客户的纽带关系与了解产品同等重要，甚至更为重要。

起初，高尔夫风险西部公司大多是通过相互介绍和分类广告相结合的方法招聘员工。公司会收到一大摞个人简历。公司无从得知简历是本人所写，还是找专业人士代笔的。“这是一个猜谜游戏，” 伊斯特伍德说，“这个人的简历可能写得不错。我们会聘用此人，但不知他到底是谁，也不知道他能否在公司环境中取得成功。”

高尔夫风险西部公司为公司里的每个岗位制定了一个工作模式。这样，他们就会提前了解对销售人员的总体要求——不同于机械师、接线员的总体要求。公司根据这些总体要求来发布招聘信息。然后，等简历投进来之后，他们会从中筛选出符合这些总体要求的 8～15 名应聘者。“我们使用工作要求描述来确定简历中的信息是否真实地表达了此人的潜能，”伊斯特伍德说，“在面试时，我们可以看一看他们与所需的条件是否相匹配。”

伊斯特伍德认为这一招聘过程为公司省下了“数十万美元”。他相信，过去不恰当的招聘工作造成了重要客户的流失，也造成了随之而来的市场份额的流失。“赢得一位客户需要 5 年的时间，而失去一位只需要5分钟，”他说，“我需要能够留住客户并且能够拓展业务的合适员工。”

这家公司还根据行为评估所提供的洞察力，运用技能评估工具来帮助设计和实施销售培训。据伊斯特伍德称，高尔夫风险西部公司拥有过业内最优秀的人才，长期客户和非常低的员工流失率。虽然一切都显得很理想，但业务状况要求伊斯特伍德的团队创造更多的收益。与过去数以千计的销售经理一样，伊斯特伍德也希望找到能够帮助他的组织增加销售收益的销售培训。

为了进一步探索这个概念，伊斯特伍德及他的高级管理团队参加了销售技能评估测试（SSAT），并且确认了他们的长项与亟待提高的领域。后来，销售团队参加了 SSAT，总得分处于中下等水平。这一点很有趣，因为伊斯特伍德的总经理们的成绩在中等和高等范围之内。伊斯特伍德认为，这应该归功于他们在业内的经验。

伊斯特伍德很快意识到，尽管自己的销售管理人员经验水平高，但这一经验没有有效地传授给销售团队。尽管销售团队具备某些销售技能，但 5 个人中有 4 个人不知道怎样在自己的环境中有效销售。

销售技能评估测试（SSAT）的结果显示，虽然提问过程在高尔夫风险西部公司制定定制化解决方案中是不可或缺的一部分，但绝大多数销售人员在与客户交谈时没有提出足够的调查性问题。据伊斯特伍德说，意识到在具体技能领域存在缺陷代表着在诊断组织面临的挑战方面取得了重大突破。

伊斯特伍德及他的团队和 PI 国际一起运用 SSAT 提供的信息，打造了一个针对开发调查性销售技能的定制化的销售培训项目。因为没有把时间浪费在这个团队已经掌握的销售过程的步骤上，销售团队能够更好地将所需的变化融入其日常销售行为中。

伊斯特伍德称："这个研讨会不到两个星期就收回了成本。"他讲述了一个例证："一位资深而成功的销售人员与一位客户达成了一笔价值 40 000 美元的交易，而这位客户在过去 10 年里只购买我们竞争对手的产品。与上一年相比，这位销售人员的收益显著提高了。”

另一个例子是，伊斯特伍德有一位业绩欠佳但知道自己具有成功潜质的销售人员。这位销售人员经过了定制化的培训并被调到了一个新销售区。结果是，这位销售人员在新销售区 4 个月的销售额超过了他在原来的地方一年的销售额。

第 8 章

销售过程的科学

Scientific Selling

对新员工进行销售技能评估（SSAT）以引导他们的销售培训。通过将客户导向型销售与销售技能评估工具（SSAT）相结合，我们可以确定自己的长处与短处，并且把它用在针对性培训上。实际上，我们做的还不止这些，我们已经把内部销售过程（建立在客户导向型销售的基础上）纳入我们的客户关系管理体系，目的是让整个销售团队变得更加以过程为驱动。

——乐福明公司销售经理，杰夫·莱普

科学销售是科学的。这是因为它既衡量专业销售人员的基本性格，也衡量他们在销售过程中使用的销售技能。正如我们在前几章中所看到的一样，就增加某个销售人员的收益与利润而言，其主要提升点是销售技能的开发与提高。

虽然技能评估的基本概念适用于销售过程的很多不同定义，但本书用销售技能评估工具（SSAT）做模式。作为一个衡量工具，销售技能评估工具（SSAT）建立在由本书作者在 20 世纪 90 年代提出的销售过程——客户导向型销售基础上。虽然随着时间的推移，这个概念已经有所发展，但它一直都是销售技能评估工具（SSAT）一个不可或缺的构件，从而为销售过程提供了更为科学的视点。

客户导向型销售

客户导向型销售就是从对方的视觉进行销售。尽管这听起来简单，但要有效地运用这种方法并成功地产生新业务，则需要坚持不懈的努力和强有力的技能。客户导向型销售的概念与技术适用于整个销售过程的每次销售预约、电话访问、会面、演示和谈话。完成这个过程，可能非常简短，也可能需要数月之久——这取决于决策的复杂性。

任何销售环境都有两个不同的世界：一个世界是专业销售人员，另一个世界是潜在客户。销售代表新手一般只是着眼于自己最熟悉的世界：自己的公司、自己的产品、自己的情感和感知。这部分是因为新手在进行实地销售之前只接受过产品知识培训。于是，他们就把注意力放在向客户传递产品知识上，并说服客户来购买产品。

新手经常不注意发现客户问题的细节，以及客户需要从交易中得到什么。因为客户也许不重视此产品知识，或者看不出它与自己的处境有什么关联，所以，这就会放慢销售过程。相比之下，优秀的销售人员知道，销售成功的关键在于有能力了解并在潜在客户或实际客户的世界运作。这听起来合乎情理，但因为人们更容易着眼于自己最熟悉、最自在的事物，所以，将这个理念付诸行动则极具挑战性。

客户导向型销售包含以下循序渐进的过程。

步骤 1：开场。这是专业销售人员建立信任与信誉的时候。当专业销售人员安排与潜在客户进行首次会面或打第一个电话时，这一步就开始了。要做到这一步，销售代表需要在一开始就了解潜在客户的行为需求，为首次销售访问设定期望目标，并且了解买主的工作日程。

步骤 2：调查。这是专业销售人员确定激励性购买因素的时候，即这位潜在客户可能购买的原因。要做到这一点，专业销售人员需要收集足够的信息以判定潜在客户的决策标准，准确无误地了解他的情况，并且了解如何将卖家的公司、产品和服务定位为潜在客户现有的最佳选择。

步骤 3：演示。这是专业销售人员运用判断力、知识和商业头脑，为客户提供一个可行解决方案的时候。专业销售人员运用他从调查步骤了解到的情况，从对方的角度，说明卖家的产品和服务对潜在客户有什么样的意义。

步骤 4：核实。这是专业销售人员获得潜在客户同意购买的时候。专业销售人员请求做这笔生意，回答潜在客户关心的问题，并且解决任何可能妨碍对方做出积极决定的问题。

步骤 5：定位。这是专业销售人员开始与客户（以前只是潜在客户）建立长期关系的时候。除非而且也必须等到专业销售人员已经商定与对方建立了客户关系（包括额外业务和转介业务），他的销售任务才算完成。

客户导向型销售过程可视化为一个周期，如图 8.1 所示。

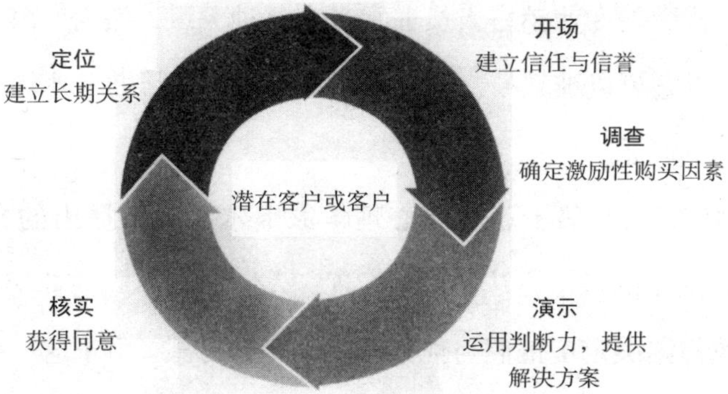

图 8.1　客户导向型销售

正如前面所讲，客户导向型销售作为一个过程与销售技能评估工具（SSAT）完全吻合，因此可以使管理人员对每个个人、团队或组织具备的使他们成功实施每个步骤的具体技能进行具体的衡量。

让我们更为详细地看一看每个步骤。

销售过程步骤 1：运用开场技能

与潜在客户开始销售过程涉及成功交易所需的几个因素。专业销售人员必须开始与潜在客户建立关系，了解潜在客户的行为方式，为销售访问设定期望目标，并且向销售过程的下一个步骤进行有效的过渡。

所有这些都是信任与信誉的问题。要让交易走向下一个步骤，潜在客户必须相信，专业销售人员想提供帮助，而且把潜在客户的利益放在了心里。除此之外，潜在客户还必须相信，专业销售人员来源可靠，确实能够提供帮助，是具有可靠工作业绩的专家，或者至少代表了具有可靠业绩记录的公司。

拥有很好的开场技能的专业销售人员具备迅速营造信任与信誉的能力，优秀的专业销售人员通常具有这种天赋。然而，由于这是一种技能，所以它可以被教授，而且有很多方法可以帮助专业销售人员进行这种最初的联系。

20 世纪初瑞士著名的心理学家卡尔·荣格提出的方法也许是人们研究最多的科学方法。荣格发现，人们拥有不同的社交风格，而这些社交风格则决定了他们与他人的互动交往方式。由于这一模式建立在可观察的行为基础之上，因此在当今的销售工作中也很有用：销售代表可以弄清楚一个人如何表现，并且获悉这位潜在客户需要从自己这里得到什么。在这项研究中，荣格就人们的沟通方式研究了两个参数：

- 行为主导性——人们提供信息的方式。
- 行为回应性——人们接受信息的方式。

那些呈现行为主导性的个人往往沟通和决策的步调快，而行为主导性偏弱的个人在这些方面步调则慢。

行事风格上回应性强的个人往往表现出更以人为本，而回应性弱的人则呈现出更强的任务导向性。图 8.2 解释了这一概念。

审视这一矩阵的另一种方式是，根据个人表现出的回应性和主导性强弱将人分成 4 种类型，如图 8.3 所示。

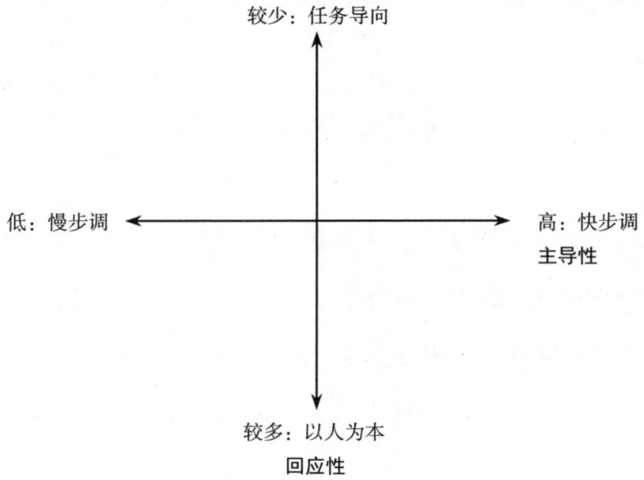

图 8.2　社交风格模式

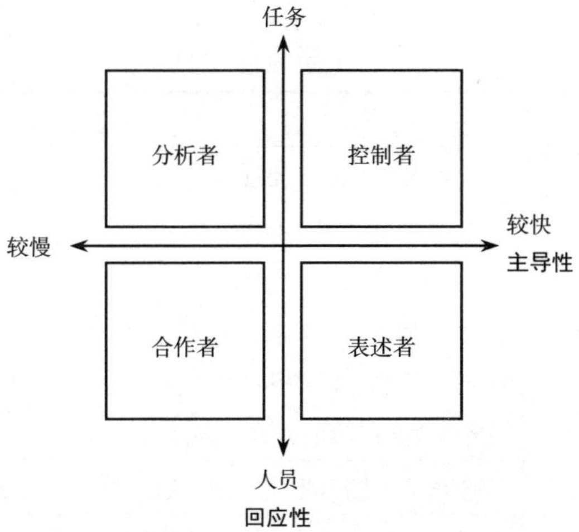

图 8.3　按社交风格模式划分的 4 种类型的人

图 8.3 中的每个方框都代表了一种不同的社交风格——大体上决定了一个人尤其是在陌生的业务环境下与专业销售人员的互动方式。在与人交谈时，开场技能得到了开发的专业销售人员将会注意到能够揭示潜

在客户社交风格的视觉和听觉线索。然后，专业销售人员将运用这些信息来判断：

- 如何得到他们的注意力（如怎样帮助他们节省）。
- 举止方式。
- 如何聚集言谈和注意力（如怎样支持潜在客户）。
- 如何帮助他们继续做决定。
- 他们在谈话中想要什么和需要什么。

了解社交风格需要时间和实践，但是一个良好的开端是阅读（并且尽可能地记住）表 8.1、表 8.2、表 8.3 和表 8.4 中所显示的 4 种总体特征。

表 8.1　社交风格：控制者

控制者	
性格特点	• 聚焦于成就（业绩） • 驱动型；快速行动 • 决策速度快 • 清楚自己的处境，直截了当 • 往往会“以势压人” • “要么以我的方式，要么走人”
通过……衡量价值	业绩，控制者把实现的业绩当作成功的基准
让他们保留……	时间。控制者节奏快，他们努力实现预定目标的过程中，不想浪费时间
需要时间……	高效，不要浪费他们的时间。
支持他们的……	结论，他们做事果断，按照自己的选择办事
给他们……	选项，因为控制者坚持自己做决定，你需要给他们提供选项，而不要替他们做决定

续表

控制者	
专长……	控制，控制者乐于做决定
需要……	直截了当、快速行动，只要自己想要的细节，专注于手头上的事情，少开玩笑，高效地利用他们的时间
在压力下……	为了维护他们作为发号施令者的角色而变得专横和专制
关键词	底线

例如，一个专业销售人员正在销售库存控制系统。他约好了要见潜在客户的两位重要的股东——首席执行官和首席生产官。要把生意做下去，他需要赢得这两个人的信任。

表 8.2　社交风格：表述者

表述者	
性格特点	• 概念的，大局思维模式 • 满腔热忱，情绪激昂，精力充沛 • 积极主动，快速行动，健谈 • 对细节不感兴趣，相信细节会得到处理 • 很多点子，超过了他们的应对能力 • 有时候没有长性 • 以效率为导向，不断优化，寻找更佳方法
通过……衡量价值	喝彩，表述者通过得到多少正向注意力和承认来评估情况和环境
让他们保留……	努力，表述者期望找到最佳、最有效的做事方式
需要时间……	获得兴趣，表述者把大量的时间和精力花在思考自己的理念与点子上，并寻求与他人分享这些想法与点子。
支持他们的……	点子，由于表述者在思考自己的理念和点子上花费了大量的时间和精力，所以你要让他们谈论自己的点子

续表

表述者	
给他们……	证明，表述者看到他人成功地将某事物从理念变成现实时，他们会得到信心，会觉得做出的决定是正确的
专长	社交，表述者擅长扮演需要与他人打交道的角色
需要……	你对细节进行处理，对他们的点子充满热情，进行实际核查，分享他们的工作与计划的讨论
在压力下……	具有攻击性或变得高度防御，当受到挑战时，尤其如此，他们可能以矢口否认的方法进行防御
关键词	大局

表 8.3 社交风格：合作者

合作者	
性格特点	• 与人为善，和蔼可亲，热心，助人为乐，稳健，心胸开阔 • 好搭档和盟友，工作中易于相处 • 有事与他人商量，求同存异 • 厌恶冲突 • 有时候需要掌控与认同 • “为了和平不惜任何代价” • “请不要生我的气”
通过……衡量价值	注意力，合作者想得到作为团体一分子的认可，不想感到被排除在外
让他们保留……	关系，当出现某事时，合作者将不惜一切代价来确保关系没有受到负面的影响
需要时间变得……	变得和蔼可亲，对合作者来说，重要的是你要令人愉快、友善和可亲

续表

合作者	
支持他们的……	梦想，合作者一般拥有很多包括他人的志向，他们需要知道你对此心存感激
给他们……	保证，合作者需要重新确认他们正在做出正确的决定，而且并非在孤身奋战
专长……	合作，在需要友善、帮助的角色中，合作者会表现得很好，或者把人们聚集在一起的角色
需要……	你逐渐地了解他们，他们想知道你是否令人愉快、彬彬有礼、心平气和、广交朋友
在压力下……	退出和放弃，请注意：合作者在放弃时，他或许寻求以后以某种意料之外的方式予以“回报”
关键词	关系

表 8.4　社交风格：分析者

分析者	
性格特点	• 以细节和事实为导向，需要很多信息 • 不想犯错 • 审时度势，三思而后行 • “分析瘫痪” • 含蓄内敛 • 受负面反馈的威胁 • “非黑即白的思想” • 规避风险
通过……衡量价值	准确性，在每天结束时，分析者根据事情的结果或行动的对错及对错多少来判断情况
让他们保留……	面子，因为分析者害怕犯错，所以当确实犯错时，他们需要有办法来掩盖尴尬或羞愧

续表

分析者	
需要时间……	准确，分析者需要知道他们拥有所需的所有事实，而且信息准确无误
支持他们的……	事实，分析者以控制他们的信息而感到自豪，重要的是，你要承认这一点
给他们……	证据，除非你用事实说话，否则分析者不会相信你的话，也不会把这些话当作决策依据
专长……	技术，因为对细节的需求，分析者在高技术岗位工作得得心应手
需要……	细节，明确，思考时间，安全，单独工作时间，书面材料，少开玩笑
在压力下……	往往会回避现实，可能以不接电话或回复电子邮件的形式出现
关键词	思想者

在每次面谈刚开始的时候，销售人员可以留意对方的工作速度与语速，以及此人更关注人还是更关注手头的任务，根据下面几个简单的规则做出初步评估。

- 步调比较快、以任务为中心的人通常为控制者。
- 步调比较快、以人为中心的人通常为表述者。
- 步调比较慢、以人为中心的人通常为合作者。
- 步调比较慢、以任务为中心的人通常为分析者。

专业销售人员判定，与他会面的首席执行官是一位合作者。于是，他开始根据这位首席执行官行为偏好所透露出的社交风格信息改变自己的销售方法。当然，这一改变将用于整个谈话，而且的确也用于整个销售过程。

为了简洁起见，我们只审视专业销售人员从会面之初的相互问候转向实际讨论生意问题的关键时刻。

在开场步骤中的另一项重要技能是使用口头议程——简单地从闲谈转向谈论手头上的生意。实用的口头议程包括 4 个要素：

1. 获得提问题的许可——征得潜在客户的同意，他愿意与销售人员分享信息。
2. 获得演示的许可——征得潜在客户的同意，他愿意倾听你的解决方案。
3. 邀请——在开始阶段发现潜在客户的议程。
4. 下面的步骤——征得潜在客户的同意，在销售访问的结束部分确定下面的步骤。

一个非常简单的口头议程可能是这样的：

“我有机会浏览过你的网站，为了全面了解你目前的状况，我想问你几个问题，跟你说说我们的公司和我们的解决方案。然后，我们一起看看下面做些什么——我现在人在这里，你有什么特别要谈的吗？”

这么一两句话就包括了上面提到的口头议程的所有 4 个要素。

口头协议达成一致，潜在客户明确了其预期后，销售人员要增加社交风格信息使之更适应这次销售访问。比如说，在与这位首席执行官（合作者）进行初次谈话时，专业销售人员用于社交闲谈的时间可以比平时多一些，可以谈一谈这位首席执行官桌子上的照片，或者墙上挂着的奖状。然后，当觉得时间差不多可以往下谈的时候，专业销售人员可以用下面这段话，说出口头议程，把话题转向生意部分：

“我从跟你的同事聊天中了解到，因为经济不景气和控制库存难，你们这行遇到了一些小麻烦。我想知道，你是怎么看这种情况的，也想知道这种情况会对你的员工和生产设施产生多大的影响。”

相比之下，这位专业销售人员判断，这位首席生产官是一位控制者（从其干脆利落的说话方式和在谈话的前几分钟一种在看电脑屏幕）。于是，这位专业销售人员结束了谈话中的问候部分，以类似于下面这段话的形式开始谈及生意部分：

“我知道你很忙，我就长话短说。我研究发现，在生产旺季缩短库存补充时间可以让你们这样的公司加快投资回报速度。如果你能回答几个小问题，我就能告诉你，我们是不是能够为你省钱，能省多少钱。否则，我就不打扰你了。”

正如销售技能评估工具（SSAT）所衡量的一样，了解并且采用社交风格这一科学概念可提升并强化专业销售人员的开场技能。更为重要的是，这样做可以使专业销售人员更为容易地建立信任与信誉，将销售谈话转到下一个步骤。

销售过程步骤 2：运用调查技能

专业销售人员一旦通过开场技能与潜在客户建立了初步的亲和感、信任及信誉，销售过程就可以转向下一个步骤了。

在这一步，很多销售代表开始介绍自己的公司是一家什么样的公司，有什么样的能力、产品和服务，如何运作。这种销售方法的出发点在销售员的一方，而不在潜在客户的一方。因为它所展示的信息没有以潜在客户可以掌握且对其有意义的方式传递给对方，所以大部分信息被当成了耳旁风。这意味着，销售代表所付出的努力不会达到预期的目的。

只有在专业销售人员收集了有关潜在客户的信息之后，才有可能从潜在客户的立场沟通有关公司能力、产品和服务的信息。因此，销售过程中的下一步是了解更多的信息，调查情况。这一步以战略性提问的方式开展。

询问战略性问题的目的是尽可能多地获得有用信息。销售人员使用的问题类型不同，收集到的信息量和类型也有所不同。收集的信息有助于销售人员确定潜在客户和客户的情况，以便于更好地确定对方的需求，并且进行有意义的和有针对性的展示。

在调查客户的需求时，专业销售人员可以提出 3 种类型的问题。

1. *封闭式问题*。这类问题的答案简短、明确（如“是”或“否”），或者是具体的信息。例如：“你们每年使用多少个小装置？”封闭式问题可能有用，但是它们往往会造成谈话中的冷场。这就使得专业销售人员不得不经常很尴尬地接着问下一个问题。这类问题以“你是否”“你能否”开始，让人觉得像进行审问。
2. *开放式问题*。这些问题一般以下面的词提问：“谁”“什么”“什么时候”“什么地方”“为什么”“怎样”。这些问题可以得到更为广泛的信息，但有时候也会得到一个字的答案。如果是这样，那就提供不了多少有用的信息了，例如，销售代表问：“事情进展得怎样？”答：“好。”下面是开放式问题的几个例子：

- 你想用这个来达到什么结果？
- 你想看到事情有怎样的提升？
- 你在什么时候注意到这个问题的？

- 你为什么要采取这种方法?

3. 调查性问题。因为“为什么”这样的问题往往会让潜在客户产生戒备心理，所以用调查性问题取而代之是理想的选择。这类问题一般含有下面的词语：“解释”“分享”“告诉”“探索”“描述”“给”“帮我弄清楚”。这类问题往往会得到对方深层次的信息，了解对方的动因——这对销售代表来说是不可或缺的一项。销售代表请客户详细地说明情况，把客户当成专家，并且自然而然地把谈话引向可能走向合作销售机会的谈话，例如：

- “请给我描述一下，你希望看到的结果是……”
- “请解释一下，你想达到的目的是……”
- “请告诉我，你今年的目标是……”

拥有高水平调查技能的销售代表（如 SSAT 所测量的）往往会多提出些调查性问题，而少提一些开放性问题和封闭式问题。这是因为，调查性问题更有可能发掘出在整个销售周期中都将被证明是有价值的信息。调查性问题还可以让潜在客户主导讨论过程，并且透露出自己关心的是什么。

然而，这并不是说封闭式问题和开放式问题在调查过程中不起作用。恰恰相反，将 3 种提问方式结合起来使用效果更好，这样做可以使谈话更像聊天，而不是审问。为了正确的目的而使用正确的问题有助于销售代表从战略的高度工作，而不是按照习惯办事。

下面是了解使用哪种问题的 3 个重要规则和例子。

规则 1：先用调查性问题了解客户的动因。

- 请解释一下，你们今年的首要目标是什么。
- 请说明一下，这个项目与你们公司的整体目标匹配情况怎样。
- 请告诉我，你们这一举措的首要结果是什么。
- 请告诉我这个项目中所涉及的不同利益相关者和受众情况。
- 请让我了解一下，你们有关此事的内部流程。
- 请告诉我，你希望看到与自己的公司有什么样的关系。

规则 2：运用开放式问题以获取更多的信息。

- 对你来说，这一举措的重要之处是什么？
- 就你与公司的关系而言，你希望看到什么变化？
- 什么促使你今天打电话与我见面？
- 你希望从你选择的公司中得到什么？
- 你准备从什么时候开始着手？

规则 3：运用封闭式问题以确定信息、弄清楚并收集细节信息。

- 你以前从事过类似的项目吗？
- 还需要其他人参与到这个讨论中吗？
- 我还有没有问到的问题吗？
- 你们一般一周用多少个小装置？
- 你们在这件事上的时间紧吗？

高效倾听的能力是调查技能水平高超的专业销售人员成功的另一个关键因素。专业销售人员应能够听明白潜在客户说的是什么（多层次的含义），否则他提的问题再好，也无济于事。高效倾听要避免犯以下常见的错误，如表 8.5 所示。

表 8.5　倾听时的常见错误

错误的倾听习惯	描　　述
私下计划	你不是在听潜在客户或客户正在说什么，而是在想自己下面要说什么
预先判断	你自认为已经知道潜在客户或客户的答案，因此实际上没有听到对方的答案
过早驳回	你只听到了潜在客户或客户的半截话，然后自己过早下结论
选择性地听	你只是听自己想听到的信息
私下排练	你在心中一遍又一遍地排练自己的答案，而没有听到潜在客户或客户在说什么

销售过程步骤 3：运用演示技能

专业销售人员一旦调查清楚了潜在客户的详细情况，他就可以帮助潜在客户了解专业销售人员所提供的产品或服务的情况。在销售过程的这个步骤，专业销售人员运用的是演示技能。

由于销售培训的历史起源于千篇一律的销售说辞，很多销售培训项目只注重演示技能。令人遗憾的是，由于这种培训鼓励专业销售人员用放慢销售过程的方式进行演示，所以大部分培训使人误入歧途。专业销售人员可以用常见的 3 种形式对解决方案进行演示：

- 特色和功能。专业销售人员描述所提供的产品或服务，它有什么作用，以及它为什么是优质产品或服务。例如："我们的小装置是在当地生产的。"这么说常常起不到什么效果，这是因为客户更感兴趣的是自己的生意和问题，而不明白某个特定的特色或功能会对他们有什么作用，为什么起作用。

- 特色和好处。专业销售人员描述产品或服务的特色，但将这一特色与给客户带来的好处结合在一起描述。例如："我们的小装置是由当地生产的，所以我们随时可以保证供货。"尽管"特色和好处"方式优于"特色和功能"方式，但这种演示方式没有把特色放进客户的生意背景里。即使这位客户认可销售员所说的好处，他们也不会立刻明白这个好处为什么会对自己有价值。
- 价值和结果。专业销售人员将客户通过所提供的产品或服务实现的价值进行总结，并将这个价值与所提供的产品或服务的一个具体好处结合在一起。例如："你解释了在过去的一年里，你们的公司为何因为生产延误而损失了 1 000 万美元，而这种延误是因为不能按时得到小装置所造成的。我们的小装置是由当地生产的，所有我们不管你们什么时候需要，都可以在 24 小时之内供货。"这种方式可以让客户马上想到购买这一解决方案所带来的积极的财务影响。

因为特色和功能、特色和好处演示方法都与潜在客户的具体情况缺乏具体的相关性，所以，一般情况下，它们都不能有效地将销售过程推向下一步。运用这两种演示方法的专业销售人员最终会变成发表标准的演说，介绍自己的公司及公司的能力，却无法成功地使潜在客户和客户相信自己所提供的产品或服务的价值所在。

客户导向型销售过程强调的是"价值和结果"演示法——专业销售人员根据潜在客户透露出的信息而提供见解。这样，专业销售人员可以在恰当的时间用恰当的信息向潜在客户进行有针对性的演示。

与简单地用预先做好的幻灯片进行演示相比，“价值和结果”演示法需要更多的准备、定制化服务及快速反应的能力。在准备用“价值和结果”方法演示解决方案时，专业销售人员应该考虑以下问题：

- 潜在客户或客户的激励因素或目的是什么？
- 潜在客户或客户的目标与你所提供的产品或服务之间有什么联系？
- 潜在客户或客户要解决的最大的问题是什么？
- 要达到双方满意的结果，最佳战略是什么？
- 潜在客户或客户想完成什么？
- 潜在客户或客户真正想实现的结果是什么？
- 你能在多大程度上把解决方案提供给客户呢？
- 表明你具备把解决方案提供给客户的能力的最佳方法是什么？
- 根据你确认的潜在客户或客户的问题及需求，什么信息对他们的影响最大？

要高效地将解决方案演示给潜在客户，专业销售人员将：

- 核实在调查步骤中获得的信息。
- 确定解决方案对潜在客户的价值。
- 盘算如何根据潜在客户的总体特征将价值明确地表达出来。
- 根据潜在客户的社交风格调整演示方法。

销售过程步骤 4：运用核实技能

多数专业销售人员把达成交易看成销售过程的结束。在他们看来，自己已经辛辛苦苦地研究了这位客户，调查了客户的需求，并且演示了一个可行的解决方案。在这个时候，专业销售人员往往是有些疲惫了，所以只是想知道客户是否购买所提供的产品或服务。这样，他们就要么签单，要么转向下一位潜在客户。

这样做具有讽刺意味。这是因为，客户正是在这个时候才回过味来。这时客户相对容易来考虑不同的选择，讨论可能的解决方案，并且勾勒出可能发生的事情的基本参数。但是，当真正做决定的时候，客户的资金和预算问题突然冒了出来，现实使客户就在专业销售人员开始对最终达成交易的预期减退时，精神为之一振。

客户导向型专业销售人员把达成交易看作合作过程——双方共同努力以确保要做出的最终决定有意义。如果客户表示异议，客户导向型专业销售人员会进一步提出战略性问题来调查并弄清真实情况，这个调查经常反映在向客户提供新的或更为详细的信息，说明所提供产品或服务的价值。

有 4 种客户导向型方式可以让销售人员抓住销售机会：

1. 时间驱动。“你提到要在某个时间前完成此事。让我们看看日程表，估算一下要赶上最后期限，今天需要做些什么。”
2. 过程驱动。“请让我了解一下你们有关此事的决策过程。”
3. 直接提问。“我们好像已经回答了所有的问题。我们往前走一步如何？”
4. 直接陈述。“让我们往前走一步吧。”

决策者的社交风格决定了决策制定风格和过程。表 8.6 重述一遍帮助潜在客户或客户做决定的方法。

表 8.6　社交风格与决策制定

社交风格	为决策者提供的内容
控制者	选项，因为控制者坚持自己做决定，你需要给他们提供选项，而不要替他们做决定
表述者	证明，表述者看到他人成功地将某事物从概念变成现实时，他们会获得信心，会觉得做出的决定是正确的
合作者	保证，合作者需要重新确认他们正在做出正确的决定，而且并非在孤身奋战
分析者	证据，除非你用事实说话，否则分析者不会相信你的话，也不会把这些话当作决策依据

异议是销售过程中不可避免的部分。异议根本不是障碍，而是潜在客户实际上考虑购买的信号。出现异议这一事实显示，潜在客户或客户正在考虑购买，但还没有做好决定购买的准备。

为了达成一致并赢得积极的决策，专业销售人员的工作就是帮助潜在客户走过自我决策过程中的这一步。然而，要做到这一点，专业销售人员必须了解这个异议是反对还是更为严重的情况：条件，两者有关键性的区别。

异议是专业销售人员在销售过程中可以解决的事项，如未回答的问题、障眼法、疑虑及各式各样的拖延战术。下面是几个例子：

- 你们的价格太高了。
- 我不知道自己是不是想要找改变所带来的麻烦。
- 我看不需要。
- 我们使用另一家公司的产品或服务，而且和他们合作得很愉快。

如果客户提出的是条件，那么这种情况就超出了销售过程的范围，也超出了专业销售人员与潜在客户之间的互动范围，而且可能真的会阻止决策者走向下一步。这些条件包括公司收购、预算冻结或削减、管理人员变动等事件。

异议与条件必须予以截然不同的处理。

如果对方提出的是条件，那么正确的回复是立足未来，以便潜在客户等到情况发生变化时愿意购买。这一点很重要。如果对方提出了一个实实在在的条件之后，专业销售人员仍在推销自己的产品或服务，那么这位销售人员就会失去信誉。没有什么比这个普通的错误更难说明，专业销售人员只是出来做生意，而不顾及潜在客户的真实处境。

相比之下，异议应该被视为请求。当出现异议时，专业销售人员的第一反应应该是清楚地了解潜在客户此时需要什么。要做到这一点，需要倾听与解读，而不是单纯地回应对方。

高效地处理异议意味着确定隐藏在异议背后的真实请求或动因。要做到这一点需要考虑下面 3 个因素：

1. 潜在客户提出的异议。
2. 潜在客户迟疑不决的原因。
3. 要走向下一步，潜在客户的真正诉求是什么。

表 8.7 列出了 7 个常见的异议，隐藏在它们后面的犹豫不决或动因，以及潜在客户向专业销售人员提出的真正请求。

表 8.7　异议及背后的动因

异　议	犹　豫	请　求
“价格太高了”	“我不明白这为什么物有所值”	“我需要你更清楚地说明它的价值”

续表

异　议	犹　豫	请　求
"我们不需要这个"	"我不确定这个对我们是否有用"	"我需要你更好地解释这有什么相关性"
"它对我们没有用"	"我不知道我们怎样让它对我们有用"	"我需要你向我证明这个解决方案是可行的"
"我需要考虑一下"	"我害怕犯错"	"我需要得到你的保证：我正在做正确的决定"
"我们以前有过一个糟糕的经历"	"我担心会重蹈覆辙"	"我需要有证据证明自我从上次购买之后，情况有了改善"
"对现在的供应商很满意"	"我看不出你们有什么特别之处"	"我需要你来向我表明，你与我现在的供应商相比有什么不同之处，好在哪里"
"我需要跟……谈一谈"	"我需要向团队证明我正在做的事情有道理"	"我需要你给我提供使我的团队认可这个决定的依据"

当然，这些只是最常见的异议，肯定会有其他的异议。这里的关键概念是，回应对方的最佳方式取决于隐藏在异议背后的问题。表 8.8 提供了一个易于记忆的指南。

当面对异议时，专业销售人员的职责是戴上协调者的帽子，帮助买主顺利地通过决策制定过程。下面是一个循序渐进的应对异议的过程：

表 8.8　应对异议

潜在客户的异议	专业销售人员的回应
感到怀疑	提供证据（证明书、保证书、案例）
有误解	提供信息（书面的、描述性的或第三方的）

续表

潜在客户的异议	专业销售人员的回应
相信真有缺陷	重返潜在客户的最初版本，了解问题与解决方案，将缺陷降至最低
相信确实有问题	采取行动，例如，描述为了消除问题，什么发生了改变，或者什么即将改变

- 第一步：倾听。即使你已经听这个异议听了一千遍，你也要花时间让潜在客户或客户把异议说出来。这是关键的一步。资深专业销售人员因为经历得太多了，所以会经常觉得难以客户为中心。在销售同样的产品有一段时间后，他们对客户反复地提同样的异议感到不胜其烦。因为把注意力放在了自己的销售经历上，所以资深专业销售人员在客户开口之前已经预料到他们要说什么。这样做会减慢销售过程，这是因为，客户为了完全了解情况并做出结论：必须采取行动来改正问题，他们需要把情况说清楚。
- 第二步：承认或同情。通过表示承认或同情让客户知道你听到了他们的异议。例如，对方提出的异议是："你们的价格太高了："你可以用简单的一句话予以回应："这听上去像是说，我要的价钱跟你的期望价格有距离。"你也可以简单地回应说："好的。"销售代表需要表现出自己听到了潜在客户的异议，但并不认同。
- 第三步：提出问题。运用好问题（同调查阶段一样）来发掘有关情况的新信息。寻求对所提异议的深层次理解，让潜在客户或客户参与到这个过程，并且为自己争取一些思考的时间。在多数情况下，调查性问题效果最佳——其目的是发掘新信息，帮助销售代表充分了解对方的异议、犹豫和请求。

- 第四步：总结。将客户方决策者所说的话进行概括，重点标出他们的关键问题，使之一目了然。你要得到对方的共识，以保证你准确无误地理解了他们的想法。在这个时候，他们准备为了得到解决方案而倾听你的意见。
- 第五步：回复请求。既然销售代表已经听清楚、确认并概括了客户方的请求，那么，销售代表应该根据公司制定的指导方针，恰如其分地回复对方的请求。例如："你提到你不喜欢这笔投资，也不喜欢这个解决方案驱动业绩的方式。让我再补充一些信息，这些信息也许可以同时解决这两个问题……"
- 第六步：确认共识。除非潜在客户同意说异议已经排除，否则这个异议就还存在。要核实异议已经排除，通常来说，你最好直截了当地问对方："这个问题解决了吗？"

销售过程步骤 5：运用定位技能

潜在客户一旦同意购买，他就从潜在客户变成了客户。销售过程的下一个步骤就是要确保与这个客户建立长期的客户关系，在将来进行更多的生意往来，并且成为终身客户。研究已经反复证明，保持与发展现有客户关系所付出的时间、精力和成本都低于建立新客户关系。因此，就通过低成本保持赢利能力而言，定位客户技能尤为重要。

高效运用定位客户技能具有以下好处：

- 有助于赢得额外生意并确保未来发展的新机遇。
- 保持与决策者的接触，使你一直了解对方的情况并处于有利地位。

- 在获得转介业务的过程中有帮助。在所有潜在客户线索中，转介业务最有价值。
- 避免竞争对手在客户关系中赢得立足之地。
- 可以塑造一个正面的客户参考信息，为其他潜在客户做参考依据。

建立长期客户关系的最有效方法是，在密切关注客户新信息和客户满意度的同时，坚持满足对方的愿望，为其提供已达成协议的产品或服务。实现这个目的的一个不错的办法是，以全面质量管理和不断完善服务为基础，运用“PDCA 循环”的概念。“PDCA 循环”由 4 个要素组成。

1. 计划（**Plan**）——明确目标并设计方案。
2. 执行（**Do**）——根据所设计的方案实施行动。
3. 检查（**Check**）——定期对实施行动的情况进行评估。
4. 处置（**Act**）——根据评估结果了解情况并做出改变。

“PDCA 循环”如图 8.4 所示：

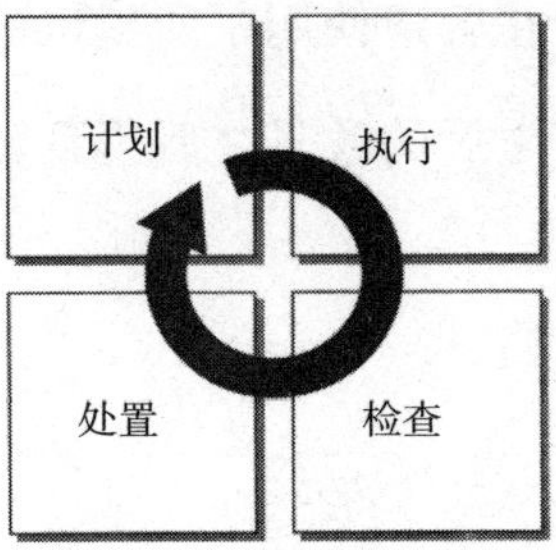

图 8.4　PDCA 循环

虽然看上去似乎一目了然，但将这个方法用于自己的客户并且坚持使用的销售代表寥寥无几。而且，销售人员与客户之间的关系越久，PDCA 循环越重要。随着时间的推移，每个业务关系都会出现挑战与困难。通过运用这种方法，专业销售人员可以轻而易举地纠正在与客户关系中出现的任何问题并克服任何困难。

例如，一位进行了6个月的业务往来的客户可能需要进行一次复核，或进行新的销售访问。这次销售访问可能涉及询问产品质量、客户满意度和发掘新信息等问题。销售代表会根据得到的信息对所做的方案进行相应的修改，然后实施更新过的方案。

PDCA 循环打造信任，并且使信任水平持续不断且不断增强。客户导向型销售可以使专业销售人员自始至终掌握主动权。他们与客户的关系建立在真正了解对方的需求与问题的基础之上，然后通过向对方提供最佳解决方案巩固这种关系。因为信任关系会让客户愿意向其他人推荐你，所以这一点尤为重要。

请对方转介业务的恰当时机是在客户关系确定之后当客户感觉愿意为你转介业务时。在某些情况下，这个时机出现在销售过程中的核实步骤之后，但也可能出现在客户使用了所提供的产品和服务并感到非常满意之时。显然，在销售之后的数月之后得到转介业务的能力完全取决于长期客户关系的质量。

案例研究：终端供应公司

在 40 多年里，终端供应公司（Terminal Supply Company）是汽车

电气工业的一个受信任的名字。这个由一对夫妻创建的家族企业成立于1966 年。公司总部位于美国密歇根州的特洛伊市，现有 7 家分公司，业务范围覆盖美国整个中西部地区。公司长期成功的重要基础是它的员工，尤其是它所拥有的知识渊博、经验丰富的销售队伍。

终端供应公司曾经长期使用行为评估来确保高度的工作匹配、高员工留任率及高效的指导。据公司的国内销售经理克里斯·因布罗尼奥称，当公司听说 PI 国际也提供销售技能评估时，他们感到很好奇，但是对评估结果却感到有些意外。他解释说："在调到管理层之前的很多年里，我一直都是最优秀的销售员，所以我不明白自己的销售技能评估工具（SSAT）得分为什么这么低。"

然而，尽管因布罗尼奥的销售技能评估（SSAT）总分数比料想的要低，但将这个成绩进行分解后发现，他取得优秀的销售额靠的只是意志和决心，他没有把实践技能当作全面顾问式销售方法的一部分。

同样，当因布罗尼奥 50 人的销售团队完成 SSAT 测试之后，这些人的成绩也显得相互矛盾。他说："这群专业销售人员在我们的组织里干得非常出色，但销售技能评估（SSAT）成绩很糟糕。"与因布罗尼奥一样，这群销售员靠"单一销售力量"来完成任务，而不是为了直接和长期的销售成功而实施销售战略。

同时，几个销售业绩平平或者新到公司不久的员工的 SSAT 成绩反而很高。技能与成绩之间的差异显示，销售人员知道在销售环境下该做什么，但没有高效而始终如一地应用这些知识。根据从销售技能评估（SSAT）得到的数据，终端供应公司进行了一个定制化的、有授课者指导的培训项目，运用客户导向型销售过程（见第 8 章）为高效的顾问式销售提供核心竞争力。

但是，因布罗尼奥的外部销售团队最初并不乐意接受培训。因布罗尼奥说："如果你的收入全部地靠销售佣金，那么你要是不外出销售，你就挣不到钱。这确实关系到很多员工的切身利益。"很多经验丰富的销售人员也将PI的培训项目视为"另一个销售培训项目"，怀疑其所教授的无非是他们早已知道的知识。

然而，参加培训的人员发现，客户导向型培训方法为提升个人技能、提高团队业绩、弥补通过技能评估结果发现的技能差距提供了一个有针对性的培训方案。据因布罗尼奥称，这个培训的最大亮点是，它改变了销售代表处理销售情况的方式。他解释道："关键在于我们要把精力集中于顾问式销售过程中的'调查'部分，允许我们提出这些调查性问题，从而完全理解客户的需求，并使我们能够提供全面的解决方案。"

考虑终端供应公司业务的快节奏性质，很多销售人员不仅错过了新机会，而且就是因为他们没有停下来用正确的方式提出正确的问题，他们还对现有客户近在眼前的生意视而不见。"作为整个客户导向型销售模式的一部分，无论是向新客户销售还是将对现有客户的销售业绩最大化，调查方法都给销售代表提供了一个蓝图，"因布罗尼奥说，"新培训项目的投资回报是立竿见影的，花在上面的每一分钱都物有所值，而且还有赚头。"

与因布罗尼奥经验丰富的销售团队不同，内部销售经理朱迪·泰伊负责一个10人组成的内部销售代表团队。其中很多人是在组织快速发展期间加入进来的，因此销售经验有限。在进入管理层之前，泰伊已经在终端供应公司做了15年的销售工作。多年来，她已经让自己的团队参加过各种各样的销售培训课程和研讨会，但结果好坏参半。

然而，将销售技能评估用作销售培训的基础使培训效果发生了显著的变化，因为参加培训的人员觉得易于学以致用——他们可以将新学的知识运用于自己的潜在客户和客户。客户导向型销售培训结束之后，终端供应公司的高级销售经理参加了一个针对可持续业绩的指导技能培训项目。这家公司还由因布罗尼奥牵头展开了每周一次的销售碰头会，让销售代表有机会讨论问题，重新运用在销售培训中学到的知识。因布罗尼奥解释说："我们在销售碰头会上运用客户导向型销售模式来应对个人挑战。这些碰头会还提高了经理和销售代表的参与积极性。现在，区域销售经理与销售代表的会面更频繁了——每月或每周见一次面，并且发展了一种'最终有益于销售人员和公司利润'的指导关系。"

得益于科学销售方法，终端供应公司的另外一个重大变化是降低销售脚本的重要性。过去，终端供应公司使用辅助资料来帮助引导销售访问。其结果是，很多销售代表继续遵循无法带来销售业绩的销售惯例。泰伊说："销售代表们已经在摆脱被动的'我今天能为你做些什么呢'方式。他们通过运用调查性问题和客户导向型信息主动与客户接洽，以确保赢得更高的销售额。"

在实施科学销售数月的时间里，终端供应公司无论在个人层面还是团队层面上，销售额都显著增加了。因布罗尼奥报告说："在实施销售技能评估（SSAT）和客户导向型销售之后的前 3 个月，我们的月销售额及其他销售里程碑达到了公司历史最高水平。这个时期的总体销售额提高了 20%，而几个销售人员的个人业绩增加了 60%。"

终端供应公司的高级管理层看到了公司上下业绩的全面提升。因布罗尼奥说："一般来讲，如果我们出现了销售高峰，则过去通常是因为一两个人拿到了大订单，可是我现在看到的情况是，每个人都在进步，而且加强了团队合作。人人都在为团队的月销售额贡献自己的力量。"

自2010年夏天和初秋接受过培训后，终端供应公司的销售额连续5个月持续上升，2010年10月是这家公司历史上销售额增长最强劲的月份之一，而2010年11月是公司史上销售额创纪录的月份。2010年12月，终端供应公司的销售额与上一年同比增加了5.5万美元。自2009年以来，这家公司的收益以年均200万美元速度稳步增长。尤其在这个全球经济极其低迷的时期，15%的增长率是史无前例的创举。

案例研究：美国血液中心股份有限公司

销售不仅包括财务交易。最难做的销售也许是让人们捐献他们的时间和（毫不夸张地说）他们身体的一部分，以帮助其他需要的人。这正是美国血液中心股份有限公司（Blood Centers of America, Inc.）每天要遇到的挑战。

美国血液中心是合作性企业，它的成员是遍及美国各地的社区血液中心。这个公司提供的血液占美国全国血液需求量的30%，这是一份巨大的责任，因此血液中心的管理人员不断地着眼于改善其血液中心网络的运营及业务活动，这也就不难理解了。

希瑟·马瑞勒是苏兰社区血库及中西部地区其他4个血液中心的招聘总监。这家血库拥有150名员工，但希瑟管理的是一个由20人组成的招募献血者的劝捐员团队。她还管理一个电话劝捐团队，负责筹款、拨款申请和市场营销事务。

毫无疑问，希瑟在加入这个组织之前做的是销售工作。作为一个经验丰富的专业销售人员，她正确地将自己的新角色定位为销售岗位。而在她到来之前，这个岗位则被视为一个营销岗位。希瑟解释说："我们的劝捐员必须为了完成自己的年度目标而不断地发掘新业务，而且每个月都要完成这个目标的一定比例。我们用与追踪目标销售额同样的方法来衡量预测精确度。"

然而，当希瑟把劝捐员销售理念传递给她的管理团队时，她一开始遭遇了一些阻力，但随着时间的推移，她最终使这个团队相信这就是正确的方法。接下来的一个关键步骤是，要进行一个正式的销售培训项目。希瑟的团队决定采用销售技能评估工具（SSAT）和客户导向型销售相结合的方法。

最先进行的 SSAT 成绩明确了个人及团队层次上的销售长项与薄弱环节。根据这一信息，劝捐员参加了顾问式销售培训。培训为提升销售业绩提供了知识与工具。希瑟说："销售培训过程中的调查与核实两个领域是我们销售团队最薄弱的部分。"

培训过程发现了在血库的销售过程中错失良机的领域。

例如，从未有劝捐员向献血活动中做辅助工作的志愿者协调员提出过调查性问题，所以劝捐员对他们为什么做志愿者工作只有一个模糊的概念。这当然很难让志愿者坚持做志愿工作，也很难让劝捐员发现具有同样动机的个人。现在，志愿者与劝捐员分享的信息增加了，不仅增加了志愿者的人数，而且也增加了很多新的献血机会。

同样，劝捐员过去也很少与自己的客户见面，这使得两者之间难以建立持久性的客户关系。如今，他们定期与客户见面，以保持客户关系并且为新业务赢得转介业务。因此，招聘团队最近发现了很多潜在客户线索与机会——从大幅度增加与新服务团体的语言沟通到增加他们在社区健康日、座谈会及其他社区活动的露面机会。

劝捐员在销售过程中的准确性和可预测性也得到了可测量的提高。在进行客户导向型销售之前，一个劝捐员的月预测准确度（每月的献血单位量）在70%～85%，而在实施了客户导向型销售之后，劝捐员的预测准确度增加了11%～15%。据希瑟称，这个数字反映了一个巨大的增长。她说："自实施客户导向型销售之后，团队已经重新找到了自信。他们比以前发掘的潜在客户多了，达成新交易的成功率也增加了。"

PI也对希瑟团队的发展起到了同样重要的作用。希瑟对我们说："与以前相比，个人的积极性提高了，士气也高涨了，而且看到团队成员在一起合作得这么融洽真是件令人愉快的事情。"为了确保长期的成功，希瑟付出了大量的努力以便将客户导向型销售培训的方方面面融入劝捐员的角色中。她解释说："客户导向型销售的方法与技术都应用到团队运作之中，既包括个人层面也包括团队层面上。我们每周举行团队会议以便不断地强化客户导向型销售方法，产生了极其积极的效果。"

自参加客户导向型销售培训以来，劝捐者不仅达到了更高的预测准确度，而且还能够保持已提升的业绩。希瑟解释说"现在，劝捐员知道了要问什么样的正确问题，如何将生意推向下一步。这极大地提高了团队的成功水平。"

第 9 章

PI 和 SSAT 的科学性

Scientific Selling

自 20 世纪 80 年代后期以来，对性格的学术研究，以及性格理论在应对重大组织挑战中的应用都经历了显著的复兴。对性格的兴趣也已经超越了诸如人员选拔和招聘等传统领域，并触及了各种各样的领域，如性格对团队业绩、领导力、组织文化与气氛、创业精神与创新等诸多其他领域的影响。在各种背景下进行的许多实证性调查研究得出的确定性结论是，性格与工作绩效密切相关。

——PI 国际研究总监，托德·哈里斯

当把科学销售的概念展示给销售团队时，对整个概念的科学效度的质疑便不可避免地出现了。鉴于很多专业销售人员已经接触过为了营造一种虚假信誉而包着科学语言外衣的书籍或项目，这种质疑也在情理之中。

本书中所描述的方法与销售培训界已司空见惯的垃圾科学迥然不同。本章的目的就是解释科学的信度、效度概念，并且展示行为评估和技能评估是如何进行测量的，以及为什么这些测量工具是科学有效的。

注意：本章部分基于托德·哈里斯创作的文献。原文献（包含有关具体衡量工具和研究的进一步信息）可向PI国际购买。

什么使评估具有科学性

一套方法要具有科学性，它必须采取一种逻辑调查方法，而这种调查通常建立在一个理论、假设的基础上，或者纯粹出于对一个兴趣目标的好奇。例如，我们也许有一个关于激励销售代表的理论，或者我们对销售代表在销售开场环节的表现是否比他在调查环节上的表现更能预测其销售业绩感到好奇。除此之外，科学必须具有可传播性，公开并为公众服务，具备公众可以得到的效度研究数据等，以便于使用者自己可以对产品和服务进行独立的评价。

除此之外，在对行为评估和技能评估的科学效度进行测量时，有4个关键概念要牢记在心。

1. 客观性。评估使用的方法不可产生带有偏见的结果。例如，杂志和网站上流行很多调查依靠的是自行选择，从某种意义上说，只有对调查感兴趣的人才有可能对此做出回应。因为这个抽样不能代表全部人口，因此得出的结果不具备科学效度。同样，包含诱导性问题的调查也基本上会得到同样的回应，因此也不具有科学性。

2. *信度*。信度指的是一个测量方法的一致性或稳定性。如果被测量的概念被认定具有一致性，如性格特征，那么如果同一个人接受多次测量，得出的结果应该相似。如果被测量的概念被认定具有不一致性，如情绪，那么如果同一个人进行多次测量，应该得出不同的结果。测试信度的方法有两个：对不同时间进行的测试进行比较和对测试本身进行比较。我们将在本章的后半部分讨论这两种方法。
3. *效度*。信度指的是一个测量方法的一致性，而效度指的是它的准确性。一个测量方法如果能够真正测量出它意欲测量的事物，那么它就是有效度的。测试效度的方法有两个：第一个叫作结构效度，即将两种测量方法相似或不同概念的测量结果进行统计学意义上的比较；第二个叫作关联效度，即一个测量方法与它要预测的行为进行统计学意义上的比较。换言之，如果行为评估和技能评估得出的结果与类似测试的结果高度一致，而且如果这两个测量工具得出的结论符合实际行为和业绩，那么它们就是有效度的。
4. *人口统计学特征*。这是社会学与心理学特有的元素。作为评估广泛人群的方法，要达到科学效度，那么这种评估工具就不应该因为接受评估人的性别、种族和年龄而产生不同评估结果，除非这个评估工具是专为这个目的而设计的。这一点很重要，其原因有两个：第一，由于测试数据显示，与一个业绩糟糕的男性销售代表相比，业绩优秀的男性销售代表与业绩优秀的女性销售代表更为相似，因此性别因素的作用并不大；第二，政府法规禁止使用可能导致招聘和晋升中出现伪科学倾向的测试工具。

正如我们将要看到的一样，PI 和 SSAT 都是以这个标准为科学依据的。

预测指数（PI）的科学性检验

PI 测量的是性格。尽管专家对人的性格有不同的定义，但是最常用的定义包含两个在概念上截然不同的概念：

- *性格作为声誉*。做这种解释时，“性格”这个词指的是，一个人给他人留下的清晰而独特的印象。这个看法指的是从观察者的角度看到的性格，在功能上等同于声誉。
- *性格作为身份*。做这种解释时，性格这个词指的是一个人的内在建构。这个内在建构有助于解释为什么一个人会给他人留下独特的印象。这是从行为者的角度看到的性格，与一个人如何看待自己有关，在功能上等同于一个人的身份。

在性格作为身份的定义下，PI 测量的 4 种主要的基本性格建构是：

1. 控制力。控制力指的是一个人试图控制其所处环境的程度。在这项上得分高的个人具有独立、果敢、自信的特点，而得分低的个人则具有和蔼、合作和宽容的品质。
2. 外向性。外向性指的是一个人试图与他人进行社交的程度。在这项上得分高的个人具有外向性、诱导性和善于交往的品格，而得分低的个人则具有认真、内省和以任务为中心的特点。
3. 耐心。耐心指的是一个人试图在其所处的环境中追求一致性与稳定性的程度。在这项上得分高的个人具有耐心、前后一致和深思熟虑的特点，而得分低的个人则节奏快、紧迫感强、心理紧张。
4. 正式性。正式性指的是一个人努力遵守正式规则和结构的程度。在这项上得分高的人具有条理性强、细致和自律性强的特点，而得分低的个人则倾向于不拘小节、随意和不愿意受管束。

PI 还测量两个次要的性格结构，测两个次要结构是从上述 4 项主要人格特征组合中衍生而来的：

1. 决策制定。决策制定测量的是一个人如何处理信息和做出决定的。在这项上得分高的人具有处事客观、逻辑性强的特点，影响他们的主要是事实与数据；而在这项得分低的人则具有主观、感性的特质，影响他们的主要是情感和感情。
2. 回应程度。回应程度测量的是一个人对环境的整体反应程度。这主要反应在他的能量、活动水平和精力上。在这项上得分高的人能够更长久地保持积极状态与抗击压力，而在这项上得分低的人在上述方面能力不足。

PI 表单上的分数会得出一个包括 3 项内容的行为模式，即自我、自我意识和综合体。“自我”测量的是一个人天生的、基本的、久已养成的人格；“自我意识”测量的是一个人试图矫正其行为以适应环境要求的方式；“综合体”作为自我和自我意识的结合，测量的是一个人在目前环境下的典型行为方式。

自 1955 年以来，PI 广泛用于商业。PI 分别在 1958 年、1963 年、1988 年和 1992 年进行了一些修订。这些小的修订是为了提高 PI 的心理测量特性，并确保这个评估工具中的每项内容都符合正确的和流行的语言规范。

目前，PI 被广泛用于 7 800 多个组织，横跨多个行业，公司大小不一，其中包括 51 家 2009 年《财富》美国国内 500 强企业和 82 家 2009 年《财富》世界 500 强企业。使用 PI 的组织遍布 143 个国家，其中大约有 30%是北美以外的国家。

2010 年，全球有 100 多万人完成了 PI 评估。PI 被用于多个人才管理领域，如人才遴选、董事会人员遴选、领导力开发、继任规划、业务指导、团队建设及组织文化的改变等。

PI 的客观性

PI 测量是性格作为身份的一面，是专为职业人群和组织群体开发的。为了达到这个目的，PI 采用了与其他心理测量工具类似的方法。

具体地说，PI 采用了一个自由选择（与被迫选择相对）回答问题方式，即为每个人提供了两个列有描述性形容词的单子，每个单子上包含 86 个词语，要求被测试者选出自己认为描述自己的词语（自我），然后选出那些他们认为他人希望他们做到的词语（自我意识）。

将自我和自我意识的词语汇总在一起就产生了第三个隐含的领域（综合体）。这个综合体可以被解读为反映了员工在工作场所的可观察行为。PI 测试不设定时间限制，一般情况下 5 ~ 10 分钟的时间就可以完成，而且提供了纸笔、电脑或互联网答题形式。

在心理学和社会学领域，这种方法被普遍认为是科学且客观的。

PI 的信度

正如前面所述，信度指的是一个测量方法的一致性或稳定性。如果被测量的概念被认为具有一致性，如性格特征，那么如果同一个人进行多次测量，这种测量方法应该得出相似的结果。如果被测量的概念被认定具有不一致性，如情绪，那么如果同一个人进行多次衡量，这种衡量方法应该得出不同的结果。

评价信度的一个方法是计算这个测量方法的重测信度。重测信度也许是对一个测量工具的信度进行评估的最易于概念化和理解的评估方法，即用同一群人，在两个不同的时间点对同一个构念进行测量，然后将得出的分数进行比较。

这项技术产生一种经常被称为稳定性系数（重测信度系数）的关联，这是因为它反映的是不同时间的测试成绩的稳定性。如果正在研究之中的测量方法有信度，那么人们在不同测试中得到的成绩相似。请注意：实施测试的时间间隔相差越短（如 2 个星期对 3 个月），稳定系数就越高。

PI 的重测信度在 1983 年、1999 年、2009 年和 2011 年先后进行过测试。总体来说，这些测试得出的成绩显示，PI 的重测信度位于可接受的水平。

信度评估的另一个方法是计算这个测量方法的内部一致性信度。这种方法可以通过判定评估工具中旨在衡量同一个构念（如控制力）的单个项目是否具有数学意义上的相关性。

内部一致性方法判断一个测试方法的信度所依据的只是测试中的项目数量和这些项目之间的平均组间相关。PI 的内部一致性信度在 3 个不同的研究中进行过检测。在所有 3 次研究中，PI 因子的内部一致性信度系数在 0.82 ~ 0.87，平均为 0.85。

尽管大家对可接受的内部一致性信度的估计值说法不一，但普遍认为可接受的下限为 0.70。可能还应该有个可接受的上限，也许在 0.90 以上，这个系数也许表示某些项目的测量冗余度。

PI 的效度

正如前面所讲，效度指的是一个测量方法的准确性。一个测量方法如果能够真正测量出它意欲测量的事物，那它就是有效度的。当将两种测量方法对类似或不同概念的测量结果进行统计意义上的比较时，结构效度就会显示出来。要成功地显示结构效度，对比测量方法必须构建良好且得到普遍认可。我们对 PI 进行过两次这种研究，每次都是将 PI 与卡特尔的 16 种人格因素测验（16PF，一个备受尊重且经过认真研究的人格评估工具）进行对比研究。

结构效度分析包括检查相关性。相关性是运用数学方法对两个变量之间关系的存在与强度进行确认。相关性检验应该达到下列条件要求：

被 PI 和 16PF 以类似方式定义的因子（如 PI 的外向型因子和 16PF 的外向型因子）应该被证明在统计学上非常相似；而在 PI 和 16PF 上以不同方式定义的因子（如 PI 的外向型因子和 16PF 的情绪稳定因子）则应被证明在数学意义上不具有相关性。

在这两项研究中，PI 成功地显示出结构效度：在直觉上认为应该相关的关系在数学意义上是相关的，而在直觉上认为不应该相关的关系则在数学意义上不相关。

如果一个测量方法与它要预测的行为进行统计比较，就会显示出关联效度。我们说 PI 与工作场所的行为有关联，而且也可以预测出工作场所的行为。关联效度分析客观地显示这些关系是否存在，而且如果关系确实存在，研究就会显示出这些关系的本质。

自 1976 年 9 月以来，PI 接受了近 500 个同步（预测因子和预测标准的数据同时进行收集）和预测（收集预测因子和预测标准数据的时间上有一定间隔）关联效度分析调查。调查涉及不同国家、不同行业和不同工作，并且运用了广泛的工作业绩标准，如任期、员工流失率、销售额及客户满意度。

一系列证据表明 PI 与重要的工作场所情况确实一贯相关的事实，在 PI 因子与个别工作业绩标准之间产生不正确关联的分析一般在 0.2% ~ 0.4%。这些关联显示，PI 可以为工作场所表现提供有效的预测。

PI 的人口统计学特征

与世界许多其他国家一样，美国也呈现出人口的多样性的特点，且日趋显著。因此，仅仅或主要依靠认知能力来进行人员甄选的体制会对受保护群体，尤其是非洲裔美国人、印第安人和拉美裔美国人，造成严重的不利影响。如果认知能力测试是选择与筛选的首要工具，那么白人的聘用率就会高得不成比例。

这些不利影响对公司产生了巨大压力，迫使它们寻找具有同样效度而歧视性较少的人员甄选技术。有关性格变量的研究表明，它们对受保护群体的不利影响要小得多，而且经常没有任何不利影响，这对于赢得人员构成日渐多样化的客户、供应商和员工群体是巨大的优势。

PI 国际已经进行了相当数量的研究，以判定 PI 对受保护群体是否存有歧视。哈佛大学的理查德·沃尔曼博士撰写了一个 PI 分析报告，其目的是判断男性和女性的 PI 得分是否有所不同，以及非洲裔美国人、拉美裔美国人和高加索人的 PI 得分是否不同。他的研究显示，无论是性别还是种族，与 PI 成绩都没有显著相关性。

在近来的一项研究中，研究人员对 PI 进行了分析以判断 PI 成绩是否会因年龄不同而不同。这项研究显示，在所有的 PI 因子中，年龄在 40 岁以上的人（受保护阶层）拥有的 PI 模式与年龄在 40 岁以下的人没有任何差异，从而证实了早先的研究结果。

自 1958 年以来，PI 已经被翻译成了 63 种语言，一直在全球使用，而且在亚洲和印度发展态势强劲。在过去 5 年里，PI 国际进行了关联效度研究，涉及的员工来自中国、加拿大、印度、英国、西班牙、葡萄牙、德国、匈牙利、俄罗斯、澳大利亚和荷兰。与在美国进行的研究结果一样，这些国际性的工作效度研究结果也表明，PI 和工作业绩之间存在着数量上的联系。

这些研究证明，PI 不受年龄、性别和种族的影响，它所包含的经过验证的格评估工具（如 PI 在公司的人员遴选系统的运用）可能带来一个在人口统计学上更具多样性的劳动队伍。此外，没有证据证明将 PI 用于公司的人员遴选系统会对任何受保护阶层产生不利影响。

SSAT 的科学性检验

SSAT 含有 25 个项目，其目的是对专业销售人员的顾问式与客户导向型销售技能进行评估。SSAT 主要充当一个诊断性的、基准的追踪工具，为 5 个销售技能领域的定向培训和指导提供便利条件。

- 开场：这个领域探讨的是销售人员有效地建立信任和驾驭初步销售交谈的技能。
- 调查：这个领域探讨的是销售人员对销售情况进行准确评估并发现客户需求的技能。
- 展示：这个领域探讨的是销售人员有效地将自己的能力与客户情况联系在一起的技能。
- 核实：这个领域探讨的是销售人员有效地得到合同并赢得生意的技能。
- 定位：这个领域探讨的是销售人员努力赢得长期客户的技能。

SSAT 的客观性

SSAT 通过一个安全的、基于网络的应用软件进行测试。人们完成这个评估测试一般需要 20～25 分钟，但它不设时间限制。参加评估的人对 25 个销售场景进行回应，从中选出他们最有可能实际上采取的 3 个行动步骤（与他们认为哪个是正确答案不同）。这种测量方法与通用的测量技能的科学模式相符。

自 2001 年以来，SSAT 已经广泛用于商业。自 2008 年起，SSAT 的规范团队由来自 216 个不同组织的 4216 名专业销售人员组成，代表了各行各业、各种公司和各种人口统计学特征。在规范团队中，任何一家公司的受试者都没有超过总数的 7.3%。这一基础广泛的测试既为 SSAT 提供了客观性证明，也使它普遍适用于各种不同的销售环境。

SSAT 的信度

一般来说，SSAT 的重测信度估计量超过了 0.80，这表明一个多次完成 SSAT 测试的专业销售人员，其测试结果十分一致。需要注意的是，考虑 SSAT 的评估构念类型（如销售技能）会随着时间的变化而变化，因此某个人 SSAT 分数的一致性会因他所接受的销售培训与指导的质与量而变化。

当我们审视 SSAT 的内部结构时，我们会发现销售领域的 5 项技能重合程度十分高（平均双变量相关系数=0.29）。在一个领域得分高的受试者也很有可能在其他领域得到高分（反之亦然）。除此之外，组成 SSAT 的 25 个单项与整个评估工具具有数学意义上的相关性，从而显示出内部一致性。

SSAT 的效度

作为麻省剑桥学院的心理学硕士学位要求的一部分，本书作者曾独立承担过一个研究项目，对 SSAT 的结构效度进行了检验。

这个项目是在本书作者加入 PI 国际之前进行的。在项目中，本书作者运用了 SSAT 方法为准备做心理学家和心理咨询师的学生准备了类似测试。

心理咨询服务的学生与销售人员一样，他们要向未来的客户提供高效的咨询服务，也必须掌握各种各样的技能。他们需要学习的核心沟通技能是将亲和力、倾听及提问结合在一起，以及在这项研究中详细讨论过的其他沟通技能。此外，这些核心技能融合了两个更为高级的过程：认知复杂性和自我评估。

这项研究审视了咨询学生需要学习的技能，这些技能怎样为学生所吸收，以及当今的咨询业如何对所掌握的技能进行测量。在这些研究中，本书作者使用的是一个 SSAT 的修订版。

这项研究得出的结论是，这个修订过的测试“能够为全体师生提供有价值的评估工具，但不是现在的状态”，以及它“在进行进一步的修订后可以用来更准确地反映学生的咨询师能力和咨询环境”。

至于关联效度，PI 国际已经进行了数次研究。这些研究证明了 SSAT 在商务环境中的效度。这些研究的结果显示，SSAT 在 3 个重要领域里相关性强，而在两个重要领域里中度相关。常模性资料还对与业务有关的具体标准（如销售业绩）进行了验证。

SSAT 的人口统计学特征

SSAT 正态数据已经被 SPSS（最高行业标准统计软件）收录。2000 年完成的一项研究证明，SSAT 在美国同等就业机会委员会（EEOC）要求的所有领域，包括种族、年龄和性别在内，都不存在任何偏见。

SSAT 的正态群体具有以下特点：

- 性别。受试者中有 2 435 人（57.8%）标记为男性，1 567 人（37.2%）标记为女性，214 人（5.1%）性别标记不详。
- 种族。3 415 人（81.0%）标记为白人，159 人（3.8%）标记为拉美裔美国人，71 人（1.7%）标记为非洲裔美国人，65 人（1.5%）标记为亚洲人，32 人（0.8%）标记为印第安人，147 人（3.5%）标记为“其他”，327 人（7.7%）的种族信息不详。
- 年龄。SSAT 受试者的年龄在 19～87 岁，平均年龄 42.4 岁（中位数=42.0；标准差=10.3）。
- 教育。受试者中有 643 人（15.3%）有高中学历，401 人（9.5%）接受过某种程度的大学教育，1951 人（46.3%）有大学学历，635 人（15.0%）拥有大学以上学历。586 人（13.9%）的受教育信息不详。
- 总体销售经历。受试者的工作年限在 0～60 年，平均年限为 12.8 年（中位数=11.0；标准差=9.6）。
- 现公司销售经历。受试者在现公司的工作年限在 0～44 年，平均年限为 5.5 年（中位数=3.0；标准差=6.6）。

性别、种族和年龄对 SSAT 分数的影响微乎其微。应试者的 SSAT 成绩只有 2.2%与这组人口统计学特征有关。销售经历（包括应试者的总体销售经历和在现有公司的经历）对 SSAT 的分数影响也微不足道。应试者的 SSAT 成绩只有 2.2%与其销售经历有关。

行为评估的研究

表 9.1 显示的是一个简单的样本抽样，说明行为评估对重要的业务成就可能产生的影响。

表 9.1　行为评估的影响与业务结果

行　业	发　现	来　源
多行业	研究人员在一项对 73 个不同研究项目的元分析中发现，性格特征与领导效率评级之间存在着统计学意义上的高度关联	Journal of Applied Psychology, (2002), Vol.87, No.4, 765-780
制造业	在 27 个月的时间里，变量“耐心”的标准差降低一个数，转换为平均销售额相差 200 万美元（从 2 880 981 美元到 554 013 美元）	Pl Worldwide Quantitative Case Study # 2004.04.01
多行业	研究人员在一项对 163 个不同研究项目的元分析中发现，性格特征与员工的工作满意度密切相关	Journal of Applied Psychology, (2002), Vol.87, No.3, 530-541
卫生保健业	主管与其下属性格特征的相似度明显地预测出下属对主管的满意度	Journal of Applied Psychology, (2005), Vol.90, No.4, 749-757
多行业	将性格变量纳入甄选体系的优点是：对受保护群体不利影响少，预测工作业绩效度高	Roberts, B.W. & Hogan, R. (2001). Personality Psychology in the Workplace. Washington, D.C.: American Psychological Association

续表

行　业	发　现	来　源
卫生保健业	整个行政管理团队中，正规性平均水平较高的辅助生命设备在医疗保险评级指标上表现更佳	PI Worldwide Validity Study # 11.18.2010
农业	性格特征与总体及部分的管理质量及效能评级密切相关。	2004 Society for Industrial and Organizational Psychology Conference, Chicago, Il
多行业	《财富》100强企业中的89家使用了性格测试	The *New Yorker* Magazine, September 20,2004
航空业	所有大航空公司都把性格调查问卷用作飞行员遴选过程的一个环节	Roberts, B.W. & Hogan, R. (2001). Personality Psychology in the Workplace. Washington, D.C.: American Psychological Association
汽车业	在为期4个月的时间里，控制力的标准差提高一个数，就转换为多销售46辆汽车（从23辆到69辆）。	PI Worldwide Quantitative Case Study # 2007.07.01
多行业	法律上站得住脚的就业测试大幅降低了美国同等就业机会委员会（EEOC）进行集体诉讼的风险	Sharf, J.C. & Jones, D.P. (2000). Employment Risk Management. San Francisco: Jossey-Bass
信息技术业	在一家《财富》50强的信息技术公司中，接受过结合了性格信息的正式指导的高潜能员工中，93%的人认为这种指导对自己有帮助，95%的人认为它会对自己的职业发展有益	Fortune 50 IT Company Internal Report

续表

行　业	发　现	来　源
多行业	在私营部门 40%以上的雇用决策基于就业测试结果	Muchinsky, P.M. (2011). Psychology Applied to Work. Summerfield,N.C.: Hypergraphic Press
美国陆军	在美国陆军研究所开展的一项为期 7 年、耗资数百万美元的研究（被称为“项目 A”）结果表明，美国陆军可以通过性格测试提升对整体工作业绩及工作业绩组成部分的预测	Personnel Psychology, (1990), 43, 33-354
多行业	研究人员在一项对 66 个不同研究项目的元分析中发现，人力资本与企业绩效（包括赢利能力、与竞争对手的赢利率比较、利润增长、净现金流量、市场收益率、销售量增长等）密切相关	Journal of Applied Psychology, (2011), Vol. 96, no. 3, 443-456
应急服务业	研究发现，性格可以有效地预测美国和英国警官的工作业绩，英国消防学院不仅将性格评估工具用于学员的入学遴选环节，而且用于接受指挥岗位培训的高级军官的职业发展	Journal of Contingencies and Crisis Management, (1995), 3, 113-123
多行业	研究发现，性格特征可以准确预测与环境相关的工作绩效行为，如适应性、创造性、奉献精神、大公无私、客户服务等	M.R. Barrick & A.M. Ryan (2003). Personality and Work. San Francisco, CA: Jossey-Bass

续表

行　业	发　现	来　源
多行业	接受调查的公司中，把评估工具用作自己的人才管理过程的公司占81%，被评为同级最佳公司（如招聘经理满意度、员工绩效考核优秀率、继任计划准备就绪）更有可能使用评估工具。总体而言，使用评估工具的公司，其组织目标实现率高达18%，按时完成第一个工作业绩里程碑的新员工多 15%。评估工具的使用还对单位招聘时间与成本产生了显著影响	Assessments 2011: Selecting and Developing for the Future. The Aberdeen Group

第 10 章

科学销售的未来

Scientific Selling

因为挑战如此巨大，所以仍有更多的事情要做，更多的事情要讨论。例如，我刚刚看到《哈佛商业评论》上的一个报告称，员工留任与客户满意度之间存在着直接关联。结果是，百思买（Best Buy）公司的一项研究显示，留任率每增加 0.001%，就会使每个店面的收益增加 10 万美元。只有当你把销售看作可以进行科学测量和了解的事情时，你才有可能取得如此大的突破性研究成果。

——Predictive 集团总裁，迈克 · 斯图尔特随着越来越多的公司和管理人员对科学测量工具是如何使销售团队更具可测量性和更高效的进行深入的了解，科学在销售业的应用也必将增加，而那些开创新业务模式、营造新组织模式和使用新销售导向型技术的组织更是如此。销售界在继续朝着揭开销售业绩的神秘面纱并运用科学与证据进行更好的业务分析和业务规划的方向发展。

另外，还有（主要在学术界展开的）新的研究将促使公司改变其预测销售额和销售过程的方式。在未来 10 年将要向循环反馈过程的方向发展。在这个循环反馈过程中，企业界的变革将会增加对科学的需求，而科学在企业界应用的增加将使企业界发生更多变革。这个循环结果，将继续向销售职能领域及公司的其他领域渗透。

在未来 10 年中，有 4 个学科将扩大科学销售的范围：

1. 认知科学——对人们如何思考与感知信息，以及这种经历如何驱动购买行为的研究。
2. 人类分析学——研究某些人在不同场合的表现和为什么这样表现，以及这些表现上的差异怎样驱动销售行为。
3. 预测分析学——为了更好地了解并预测组织的未来业绩而对过去业绩的统计资料进行分析。
4. 神经科学——为了更好地了解大脑因购买和销售行为发生改变而对其所做的研究。

毫无疑问，上述 4 个领域有重叠之处，但这种分类法体现了继续将科学应用于销售界的主要发展方向。本章将讨论这些研究领域，并举例说明这些研究可能得到什么样的应用。

认知科学

认知科学研究的是大脑及其变化过程。它研究什么是认知，认知是做什么的，以及是怎么做的。它还研究大脑在诸如感知、语言、记忆、推理和情感等官能方面加工和发布信息的方式及将信息转换为具体行为的方式。

认知科学被用来测试个人认知能力的做法正日趋普遍。虽然很多公司对认知测试的法律风险持谨慎态度，但这一科学领域为预测总体业绩所进行的行为与技能评估提供了强有力的数据支撑。

在未来 10 年，认知科学将在了解技术对购买行为的影响方面发挥重要作用。

最好的例子是“懂行”买家的神话。据科技公司称，买家能够得到的信息量的增加造就了更为懂行的买家——他们能够做出更好的决策。一些权威评论者（尤其是被高科技产业所雇用的评论者）甚至推测说，这些懂行的买家可能不太需要销售人员帮助其做出购买决定，从而使销售团队处于无用武之地。

然而，对很多个人来说，互联网使信息泛滥常态化，它提供的信息太多，以至于个人几乎无法了解有关信息的背景。在认知科学中，信息超载是一种感官超载。而感官超载会造成方向迷失、反应能力缺乏及决策制定欠缺。

正如美国未来学家阿尔文·托夫勒在 40 年前指出的：“当一个人突

然陷入无规律的瞬息万变之中时，或者周围充斥着新奇事物时，他的预测准确性就会大幅下降。他无法再做出理性行为所依赖的那种基本正确的判断。”

最近，奥美互动（Ogilvyone Worldwide）对来自美国、英国、巴西和中国的 1 007 名专业销售人员进行了一项研究。研究发现，61% ~ 70%的销售代表认为，虽然客户对他们的产品和服务的了解可能多了一些，但他们收集的往往是没有用的虚假信息。

在同一项研究中，61% ~ 70%的销售代表认为，购买者在购买之前不靠销售人员介绍信息，而且他们在进入销售情况之前已经做出了决定。换句话说，据专业销售人员（他们能够从各种各样的客户身上观察购买行为）称，越来越多的购买者根据错误的信息做出了欠考虑的决定。

可能除了专职采购员之外，没有几位购买者有能力了解足够的信息，以便就超出自己专业知识的某个产品和服务做出明智的购买决定，而且他们对了解这类信息也不感兴趣。更为常见的是，购买者只是认为自己懂行，而事实上，他们所了解的信息只能使自己处于危险之中。一般情况下，购买者最终因为掌握的信息不足或有误而做出欠考虑的决定。

在未来 10 年里，认知科学将颠覆广为吹捧的懂行购买者的概念。懂行的购买者将被视为债务而非财富，而且购买者将给专业销售人员提出更高的要求，让他们充当外销经理人的角色。购买者会要求专业销售人员提供产品与服务，而不增加购买者自己的信息消费负担。

人类分析学

无论从广度还是从深度上讲，人类分析学都是行为评估和技能评估的延伸。在未来 10 年中，新的认知测量工具、认知复杂性技能和客户流畅性将促成一门人类分析学领域的新学科。这门科学使公司不仅能够分享销售业绩，而且可以分析做出这些业绩的人的性格构成，以及业绩与性格之间的相互关系。

诸如预测指数（PI）和销售技能评估工具（SSAT）之类的评估工具可以使当今的销售经理人用一种可量化的和测量的方式看待员工或应聘者，从而进行更好的比较，实现更好的工作安置，从而提升业绩和工作满意度。将来会出现其他工具，用以测量行为和业绩的其他方面。

一个领域特别值得新的研究，那就是在线沟通工具（如电子邮件和社交媒体）的效能。

尽管社交媒体已经成为当今销售组织内部的一个常见工具，但人们对它是否应该，以及如何运用于销售缺乏共识（只有很多意见不一的看法）。社交媒体专家甚至连应该如何对社交媒体进行经济测量这样简单的问题都意见不一。例如，最近《Facebook 时代》（*The Facebook Era*）一书的作者史宗玮（Clara Shih）向本书的一位作者坦言："很多公司意识到接触客户的内在价值，并且把在社交网络上的投资当作一项战略举措，就像他们在网站或公司的电子邮件系统投入一样。"

可以理解的是，如果一种技术不能真正产生可测量的收益，具有实践经验的销售经理（他们必须与统计季度数字打交道）往往会对任何声称拥有内在或战略价值的技术表示怀疑。这种怀疑也许说明了销售组织为什么不愿意让销售代表本人接受社交媒体培训。正如微软公司的一名销售经理在一次会议上所说："坦白地说，我不想让我的销售代表把一半时间随随便便地浪费在 Facebook 网站上。"

公司在如何恰当运用社交媒体上遇到的两难境地与它们遭遇的电子邮件问题如出一辙。2007 年，《纽约时报》称，电子邮件造成了 6 500 亿美元的经济损失。而在 2 011 年微软全国有线广播电视公司援引一个统计数据称，2011 年发送的电子邮件是两年前的 6 倍，销售人员感到震惊。奥美互动最近的一项研究发现，受访的销售代表中高达 84%的人相信，销售代表的工作将在 5 年之后发生天翻地覆的变化，而这主要是引进新技术的结果。

随着社交媒体像网络会议和电子邮件一样加入现有销售工具中，科学家将需要更好、更全面的人类分析学方式，以便充分了解技术在什么地方对于营造客户关系效果不错，在什么地方尚有不足之处。由于销售经理及大部分公司不情愿继续根据笼统的增加生产率承诺而投资于技术（这是可以理解的），因此对成本–效益科学方法的需求应运而生。

同样，人们对远程学习和面对面学习、自主学习和授课者指导学习、个人课堂学习和小组学习有效性的研究也会增加。现在存在着这样一种趋势，即人们开始远离实体教室，而走进运用各种电子学习形式的虚拟教室。这一变化主要由于受到经济因素的驱动。

然而，人类分析学的运用可以使人们对哪种方法对行为改变更有效做出自己的判断，并根据这一判断选择自己的学习方法。例如，2009

年 9 月阿伯丁集团（一家广受尊重的研究组织）在对 500 多家公司进行研究后发表报告称，进行销售培训最有效的方法是参加面对面的现场培训。在所有采用外部培训方案的公司中，那些喜欢授课者指导培训法的公司，其销售代表完成年度定额的比例平均提高了 14%。

预测分析学

预测分析学是统计学的一个分支，它使用建模、数据挖掘技术及博弈理论对目前及历史事实进行分析，其目的是为未来事件进行预测。

在商界，预测模型已被用于对历史及现有交易数据中的模式探究以确定风险与商机。这些预测模型理清了很多关系，从而使人们可以对与指导决策相关的风险或潜能进行评估。

预测分析学还广泛用于精算科学、金融服务、保险、零售、旅游、电信、卫生保健、制药及其他领域。最著名的应用可能是信用评估——在整个金融服务业根据个人按时偿还信贷的可能性对其进行等级评定。

目前，预测模型正被用于对以往购买行为和销售业绩的分析，旨在评估一个客户将来表现出某特定行为的可能性。这种模型还可以回答有关客户绩效的问题，例如，对一个特定客户或交易的风险或机遇进行评估，以此指导销售资源在如何应用。

随着计算机运算速度越来越快，建模体系将会更好地用来模拟人类行为和人类对刺激与计划的反应。这样就可以对数据之间的关系进行量化，从而把客户或潜在客户分成不同的群体，以更好地瞄准市场营销和针对客户与潜在客户不同地域特征而进行的销售活动。

预测分析学也被用于客户关系管理数据分析，以便对客户进行整体了解，而不论这些相关信息存放在公司或有关部门的什么地方。这些工具可以使公司表明态度，并将它们的精力放在自己的客户群体上。这些工具可以使人们预测一个客户的购买习惯，以达到在多个触点推销相关产品的目的，并积极地寻找并消除可能使他们失去客户或降低赢得新客户能力的问题。

詹姆斯·奥尔德罗伊德博士最近对大约 50 家公司的数千名专业销售人员所做的 100 多万个无约访问电子日志进行了研究和分析。通过采用预测病毒式传播的算法对数据进行分析后，他发现了哪天、何时对于确认销售线索效率最高，以及后备客户中的哪位客户通过登录网站变成了真正的潜在客户，例如，星期四比星期五高出 19.1%。

神经科学

神经科学，亦称神经生物学，是对神经系统的研究。这门交叉学科融合了化学、计算机科学、工程学、语言学、数学、医学及相关科学、哲学、物理学和心理学等科学领域。

神经科学的研究范围包括用于研究神经系统的分子、细胞、发展、结构、功能、进化、计算和医学等方面的不同方法。从对个体神经细胞的分子与细胞的研究到对大脑的感觉与运动任务的形象模拟，神经科学家所运用的技术也日新月异。

神经科学为科学地研究购买者和销售者的行为掀开了全新的一页。例如，销售谈判中有时候会涉及虚张声势，而且无论购买者还是销售者都会有这个问题。贝勒医学院（Baglor College of Medicine）神经科学系的研究生麦格哈纳·A·巴特（Meghana A. Bhatt）最近进行了一项研究。这项研究运用大脑扫描技术来检测，人们在试图让他人相信不真实的事物时，他们的大脑是如何运转的。

这项研究监测了 76 个志愿者的大脑。志愿者参加了一个买家与卖家之间的讨价还价游戏。据该研究的合作者里德·蒙塔古称，对受试者在游戏过程中的大脑扫描显示，虚张声势的人和没有虚张声势的人在大脑反应上存在非常显著的差异。毫无疑问，科学家们将对买家－卖家关系的其他方面展开类似研究，从而使人们更加了解大脑在商业交易中的运作方式。

另一个成绩斐然的研究领域是大脑在决策制定过程中起到的不同作用。据神经科学家保罗·D·麦克莱恩称，人类的大脑是个由 3 部分组成的一个三位一体结构：

- 爬虫类脑。大脑的这一部分最初控制的是爬行类动物和鸟类的前脑。爬虫类脑负责的是本能行为，包括攻击性、主宰性、地盘性、程式化展示及对危险做出打斗或逃跑的判断。
- 大脑边缘系统。大脑的这一部分出现在哺乳动物进化的初期，被认为负责动因和情感，包括进食、繁殖行为和亲职行为。大脑边缘系统影响内分泌系统（主要是荷尔蒙的分泌）和自主神经系统。一些科学家坚定地认为，大脑的边缘系统是从解决难题中所获得快乐的源泉，而在买家—卖家关系中解决难题则是常事。

- 新大脑皮质。这也是哺乳动物所特有的一个结构，但人类的新大脑新皮质要比其他哺乳动物的（在比例上）大很多。它被视为人类进化中最新发展的一步，赋予人类语言、抽象思维、计划和感知能力。

新大脑皮质本身分为两个部分或者两个半球。大脑的架构、各种细胞、各种神经递质和受体亚型都以一种明显对称的方式分布在两个大脑半球上。

左半球主要与语言的线性推理功能（如语法和词汇生产）、数值计算（准确计算、数字比较和估算）和直接事实检索有关。

右半球主要与语言的整体推理功能（如语调和重读）、近似计算与估算及实际语境理解（常识）有关。

这项研究对分析买卖行为具有重要意义，因为在决策制定过程中对大脑的不同部分进行扫描能够以可以测量和复制的方式，准确地显示出购买者是怎样做出决定的，以及他们是怎样对专业销售人员提供的不同类型的刺激做出回应的。

这样，科学将开始改变专业销售人员处理销售情况的方式。例如，销售团队也许会发现，一个以公司应该购买的 12 个理由开场的演示（吸引大脑新皮质的左半球），其效果比不上以销售代表个人经历开场的演示（更吸引大脑的右半球和边缘系统）的效果。

这里所表述的重点是，与被认为有效的方法（通常为趣闻轶事性的方法）截然不同，神经科学能够提供一个科学的方法来测量什么样的销售干预行为（培训、指导、指导）是真正有效的方法。

结束语

真正的科学在销售业的出现给销售行业本身及专业销售人员的管理带来了一场真正的革命。

科学销售为销售领导者的凭直觉管理方法提供了更加准确、具有可预测性和具有复制性的管理选项。通过科学销售，销售经理就能够分析如何为一个工作岗位聘用到能够成功的员工，激励员工不断取得良好业绩，了解团队动力，大幅度地提高每个员工的强项，弥补员工的不足之处，帮助每个销售人员取得最佳业绩。

自销售成为一种职业以来，一些问题一直困扰着销售经理，而科学销售则揭开了这项工作的神秘面纱。人们无须再凭直觉猜测为什么优秀的销售人员业绩更加出色，也不用再猜测普通销售人员如何提高销售技能。掌握了科学数据之后，销售领导者可以为销售团队及该团队中的每个销售人员提供他们所需的帮助，以取得最佳业绩。

对于销售人员而言，前途一片光明。由于科学揭示了销售的神秘性，销售就变成了一个其未来更可预测的职业。对把销售作为一种职业的人来说，情况更是如此。科学销售提升了个人在组织中的价值，并促使人们在销售教育和销售工具上做出越来越多的和明智的投入。它使得曾经以武断行事的销售业变得更为严谨和科学。

科学销售也意味着变革，有时候这种变革不乏痛苦。陈旧的观念根深蒂固，难以根除，而要根除人们一直以来所认为的不证自明的陈旧观念，更是难上加难。但是，根除这些陈旧销售理念的益处是，销售经理、销售团队和销售人员个人将在市场上真正创造佳绩、更具竞争力，并最终给商界带来更为广泛和深远的影响。